SEGUNDA EDICIÓN

UN CAMINO COMPARTIDO

HACIA LA PLENA INCLUSIÓN DE LA PERSONA CON DISCAPACIDAD EN LAS IGLESIAS

BRENDA DARKE

EDICIONES puma

Un camino compartido
Hacia la plena inclusión de la persona con discapacidad en las iglesias
© 2020 *Brenda Darke*

© 2020 Centro de Investigaciones y Publicaciones (CENIP) – Ediciones Puma
Hecho el Depósito Legal en la Biblioteca Nacional del Perú N° 2020-05736
Segunda edición impresa, noviembre 2020
ISBN N° 978-612-4252-71-6

Categoría: Vida de la iglesia - Iglesia actual

Segunda edición digital, noviembre 2020
ISBN N° 978-612-4252-74-7

Primera edición impresa, mayo 2012

Editado por:
© 2020 Centro de Investigaciones y Publicaciones (CENIP) – Ediciones Puma
Av. 28 de Julio 314, Int. G, Jesús María, Lima
Apartado postal: 11-168, Lima - Perú
Telf.: (511) 423–2772
E-mail: administracion@edicionespuma.org
ventas@edicionespuma.org
Web: www.edicionespuma.org
Ediciones Puma es un programa del Centro de Investigaciones y Publicaciones (CENIP)

Diseño de carátula: Daniel Leandro Flores
Dibujos: Carlos Álvarez Zúñiga
Diagramación: Hansel J. Huaynate Ventocilla

Contenido

Agradecimiento

Este libro es fruto no sólo de un esfuerzo meramente personal, sino también de la colaboración de un gran número de personas. Soy misionera de la *Misión Latin Link* con 26 años de experiencia en América Latina, pero no me habría atrevido a escribir este libro sin el apoyo de muchos hermanos de diferentes lugares.

Entre estas personas debo agradecer, en forma muy particular, a todos mis amigos y amigas que viven cada día en condiciones de discapacidad. Todos ellos contribuyeron con sus testimonios y vivencias al logro de este pequeño libro. He mantenido su privacidad, cambiando sus nombres.

Agradezco a mis colegas de Viva; a Olga Sandoval, Daisy Hernández, Carmen Umaña, y a todas las familias del ministerio "Uno en Cristo"; a mis colegas y estudiantes del Seminario Teológico ESEPA; a mis hermanos y hermanas de EDAN, especialmente al Rev. Noel Fernández y a los muchos hermanos que trabajan como pioneros en ministerios con personas con discapacidad en América Latina. Igualmente, mi agradecimiento a Roy McCloughry, Hazel Frost, Gabriela de Chiquíe, Ricardo Gross, Patricia Villegas, Telma Cajas y los miembros del ministerio Fuerza de los Frágiles, que han dado su tiempo y compartido sus experiencias conmigo, animándome a escribir.

Debo agradecer especialmente a un grupo que trabajó conmigo durante un año para que este libro sea contextualizado y de fácil lectura: Catiuska Pérez, encargada de comunicaciones del Centro de Gestión Estratégica de Viva para América Latina y el Caribe;

Marvin Leandro, pastor de la Iglesia Bíblica Nazareth; William Zapata, pastor y colega de Latin Link y Germán Torres, pastor de la Iglesia Misión Cristiana, Jesús Rey de Amor y estudiante de ESEPA.

Agradezco el apoyo de la Fundación Stromme, Compassion International, Tearfund, y Viva, sin cuyos aportes no hubiera sido posible publicar este libro.

No debo olvidar el apoyo incondicional de mi esposo, Ian Darke, y de mis hijos.

Finalmente, gracias a Dios por la aventura de caminar con las personas con discapacidad.

Brenda Darke
San José, Costa Rica, 25 de abril 2012

Prólogo

Recuerdo la negativa de las chicas al invitarlas a bailar y el dolor que experimentaba cuando las veía moviéndose al ritmo de la música con otros muchachos. Siempre supuse que la razón radicaba en mi manera particular de caminar, producto de la secuela de poliomielitis con la que convivo desde los diez meses de nacido. "El cojito" era la cariñosa manera de identificarme, aun hasta ahora.

La discapacidad física me produjo profundos sentimientos de inferioridad y minusvalía. Los guardaba en el corazón y trataba de esconderlos haciendo aún más de lo que las personas "normales" podían hacer. Sin embargo, tarde o temprano, me encontraba con las limitaciones naturales de tener la pierna izquierda más corta y mucho más delgada que la derecha.

En un momento dado, a partir de la experiencia de mis limitaciones, comencé a desarrollar una relación viva con Dios a través de Jesucristo. Me inserté comprometidamente en una comunidad cristiana; ahí me sentí amado y aceptado tal y como soy. Descubrí que Dios tenía un proyecto de vida para mí, y nadie más que yo lo podía hacer. Esto llenó mi vida de sentido y valor. Poco o poco mi escondido complejo de inferioridad fue desapareciendo, comencé a ver mi discapacidad no como una pérdida, sino, por el contrario, como algo también para celebrar y disfrutar; es un don, es algo que me hace único y diferente.

Por eso me alegra tanto que tengas este libro entre tus manos; refleja que tienes un problema como el mío, o que, simplemente, te interesan las personas como yo. Y sabes que no existe nadie mejor que

Brenda Darke (su esposo fue mi padrino de boda) para visibilizar este problema y desafiarnos a través de las páginas que a continuación vas a leer. Su formación profesional, su larga experiencia entre personas y organizaciones que sirven en el contexto de las personas con discapacidad, pero, sobre todo, su corazón solidario y compasivo, hacen de este libro un material indispensable para comprender a quienes tienen alguna discapacidad y actuar entre ellos.

Una de las palabras más hermosas que alguna vez alguien me dijo vinieron de una mujer, en el tiempo que explorábamos la posibilidad de iniciar una relación sentimental. Ella me dijo —o al menos así lo recuerdo—: "Quiero ser muy honesta contigo, para mí, como mujer, estaba totalmente descartado enamorarme de una persona que tuviera algún tipo de discapacidad. Admiraba a las chicas que podían hacer algo así, pero yo sabía que no sería una de ellas. Mas, al conocer tu amor a Dios y tu deseo de servirle, así como tu esfuerzo por ser consecuente con tus principios de fe, generaron tal atractivo en ti, que terminé amándote y ni cuenta me di de tu discapacidad". Ella es hoy mi esposa. Así que, queridos lectores, a mí no me queda otra opción que permanecer cerca de Dios, porque, imagínense que a esta altura de mi vida ¡ella se dé cuenta!

Es mi deseo que la lectura de este material impreso nos sane tanto a los que sufrimos como a los que no sufrimos de alguna discapacidad. Espero que nos sensibilice frente a una realidad marcada por la discriminación y la indiferencia. Asimismo, quisiera que afirme el mundo de la discapacidad física, sensorial o cognitiva, convirtiéndolo en un campo de misión importante para la iglesia en América Latina.

Alex Chiang Nicolini, conferencista internacional
Lima, abril de 2012

Prólogo

El texto que nos ofrece Brenda Darke suple una necesidad del Pueblo de Dios hispanoparlante. En pocos capítulos se abordan las más importantes aristas de temas relacionados con la discapacidad, que hasta el presente no se pueden conseguir en el mercado de libros en Latinoamérica.

La amplia experiencia acumulada en años de trabajo, primero, como maestra de enseñanza especial en Inglaterra y luego como misionera en Perú y Costa Rica hacen que la autora conozca muy bien, no solamente las condiciones de las personas con discapacidad, sino las mejores vías para lograr el objetivo principal de su obra, el incluirlos en la familia de Dios.

El libro no intenta ser un tratado evangelístico pero consigue que el lector comprenda que las personas con discapacidad necesitan, como todo ser humano, independientemente de su condición física, sensorial o cognoscitiva, encontrarse con su Salvador. Tampoco el libro es un texto teológico, pero explica adecuadamente la relación entre el Dios de la vida y las personas que en muchas oportunidades se les ve como imposibles de comprender el misterio divino.

Este es un libro que invita a una lectura ininterrumpida porque lo ameno de sus páginas lleva al lector a transitar en la aventura que el propio texto invita a desarrollar. Usted se convertirá en un "peregrino" en el camino, primero de comprensión de un tema, que siendo necesario, está invisibilizado en nuestras sociedades y muy especialmente en la vida de las iglesias de las que formamos parte. Caminar con Brenda a través de su texto nos insta, "haciendo camino al andar", a la búsqueda de conocimientos válidos para colaborar con las personas con discapacidad.

Algo de relieve es el interés manifiesto en este valioso documento de convertir a la Iglesia en una entidad inclusiva "con todos y para el bien de todos". Al finalizar la lectura uno se percata que el camino en que desemboca lo leído es lograr que las personas con discapacidad, bien entendidas por el lector, lleguen a ser parte indisoluble de ese pueblo por el que Jesús se definió como CAMINO.

Para los que vivimos con discapacidad es inadmisible la falta de conocimientos que existe entre los líderes de las iglesias y sus instituciones. Brenda aborda el asunto y sostiene como esencial la necesidad de eliminar las barreras que impiden el pleno desarrollo de las personas con discapacidad en la cotidianidad de las iglesias, a la par que subraya la necesidad de que el tema de la discapacidad forme parte del currículo de las instituciones teológicas latinoamericanas, aspiración que además de ser importante, es una evidente acción iniciada por Jesucristo con su magisterio en favor de los desconocidos de entonces y de siempre. En este sentido ella nos invita a leer la Biblia desde la óptica de la discapacidad, haciéndolo nos percatamos que es imposible que un tema al que Jesucristo le diera tanta prioridad no sea objeto de análisis, reflexión y discusión en las clases de Biblia de nuestros seminarios, facultades y escuelas de teología.

Un párrafo especial merece los muchos testimonios de personas con discapacidad, que con sencillez, pero con veracidad, enriquecen el texto y le dotan de la autoridad de la experiencia que la autora ha adquirido en su largo trabajo con personas con discapacidad por muchos años. Un libro de esta envergadura no hubiera podido escribirse basándose solamente en la teoría. La practica pastoral, en la que la adecuación de la fe a las realidades vivenciales de los hombres y mujeres a la que ésta va dirigida, ha hecho posible que el libro que nos ocupa tenga la veracidad que le otorgan las cortas, pero vívidas experiencias de muchas de las personas que en diversas partes de America Latina han nutrido el conocimiento de Brenda y que de forma muy agradable ella inserta en su texto.

Es sorprendente que una persona no nacida en Latinoamérica, del "Bravo a la Patagonia", pueda entendernos con la capacidad que Brenda demuestra en este texto, porque no solamente comprende y sistematiza lo relativo a la discapacidad, sino a la cultura latinoamericana y caribeña de la que no por nacimiento, sino por sentimiento solidario, forma parte.

Los que vivimos con discapacidad somos generalmente muy sensibles, observadores y reacios a la intervención en nuestras interioridades de quien no vive la discapacidad como experiencia propia. Sin embargo, cuando se nos analiza, estudia y enseña como Jesús en el camino de Emaús, quien lo hace merece el aplauso y el reconocimiento porque "va en nuestro mismo caminar".

Recomiendo el texto, no solamente como persona con discapacidad, sino también desde una larga experiencia como pastor y de alguien, que por casi toda una vida, ha estado bregando porque las personas con discapacidad no seamos objeto de lástima y paternalismo, sino porque seamos considerados objeto del AMOR de Dios, con plenas facultades para ser parte indispensable de la comunidad y la iglesia.

Por último, y lo considero relevante, la autora del texto resalta la diversidad de la "imago Dei" en la que el creador concibió la existencia humana. Esa diversidad que permite ver lo hermoso de la vida bajo cualesquiera circunstancias y la permisión de, con cualesquiera condiciones, responder al llamado de Dios para construir un mundo más justo para el que no valen las excusas, como hiciera Moisés, sino el hacer la parte que nos toque en la construcción del reino de Dios, bajo la certeza de alguien que viviera con discapacidad y fuera capaz de decir "todo lo puedo en Cristo que me fortalece".

Rev. *Noel Fernández*, coordinador de EDAN
Abril del 2012

Capítulo 1

Una persona en silla de ruedas no puede ingresar a un templo
porque el lugar tiene gradas y la rampa para su silla tampoco está adaptada.

Un camino diferente

Las personas con discapacidad viven en medio de nosotros, pero sospecho que sabemos muy poco de sus vidas. En junio de 2011, la Organización Mundial de la Salud (OMS) y el Banco Mundial (BM) publicaron el Informe Mundial sobre la Discapacidad. Pero ¿quién de nosotros dedica algún tiempo para leer documentos de este tipo? Muy pocos. No obstante, la discapacidad, una realidad que no conocemos o no nos atrevemos a conocer, es totalmente asombrosa.

Se dice que más de mil millones de personas viven en el mundo con alguna forma de discapacidad, cifra que representa el 15% de la población. En 1970, las cifras ya nos indicaban que un 10% de la población mundial tenía entonces alguna discapacidad. Como es fácil notar, la realidad que sopesan las cifras muestra un aumento importante de personas con discapacidad.

De acuerdo con el informe que hemos citado, y otros, las personas con discapacidad sufren discriminación en todos los entornos. Ellas son las más pobres, reciben menos educación y servicios de salud, y tienen menos participación en la sociedad.

Los cristianos somos luz y sal en el mundo, ello supone que nuestro ejemplo debe ser excelente. Hay hermanos que trabajan arduamente por mejorar las vidas de personas con discapacidad. Velan por su bienestar, enseñan a los demás cómo incluirlos y valorarlos. Sin embargo, valgan verdades, son todavía una minoría. Desgraciadamente, encontramos en las iglesias mucha confusión y poca información al respecto, y como resultado, indiferencia. Necesitamos escuchar las voces de las personas con discapacidad para entender sus vidas y el clamor de sus corazones.

Esta es una historia real:

> Juan, un hombre pobre que no podía caminar, llegó hasta una iglesia usando sus brazos para deslizarse por el suelo. Con suma dificultad subió las gradas que conducían a la entrada del templo. Cuando se disponía a ingresar, escuchó las voces de los miembros de la iglesia, apostados en la puerta, que le negaban la entrada. Decían que no era digno entrar al templo de Dios de esa manera, arrastrándose. Entonces, con mucha tristeza, se tuvo que ir. Regresó a su habitación. Poco tiempo después, el pobre hombre murió. Nunca tuvo la oportunidad de escuchar las buenas nuevas de la vida eterna y el perdón de pecados. Los hermanos de esa iglesia nunca llegaron a conocerlo.

Si no conocemos a las personas con discapacidad, o a sus familias, es probable que nunca logremos entender sus vidas. En este libro vamos a caminar junto a algunas personas que viven en condiciones de discapacidad, a quienes normalmente no conoceríamos. Mientras caminemos, escucharemos sus voces, cada una diferente y cada una importante.

Todas estas voces se escucharon en las iglesias de América Latina. Algunas voces son tristes, fruto de experiencias de rechazo o crítica en la iglesia, como la de Susana, de Ecuador: "Tengo una discapacidad motora, algunos en la iglesia me echan la culpa. Otros dicen que debo tener fe y que Jesús me va a sanar. Me frustré mucho con Dios siendo adolescente. Pero me es más fácil entender a otros, y trato de apoyar a otras personas".

Otras voces son más positivas. Este es Juan, un joven de El Salvador: "Vengo de una familia cristiana y tengo secuelas de polio. Dios me rehabilitó a través de la iglesia. Me ayudó, especialmente en mi autoestima. En la iglesia encuentro mucha aceptación de parte de los hermanos".

Otro muchacho, Esteban, también de El Salvador, dice: "No puedo jugar fútbol, tengo dificultad para hablar. Hay algunos en la iglesia que no me quieren, pero son muchos más los que me apoyan. Soy feliz, mis hermanos me aceptan".

En contraste, otros experimentan frustración, como Olga de Guatemala. Ella quiere trabajar en la iglesia aunque es ciega. "Cuando yo quiero aportar algo, me dicen: 'Quédate tranquila, no tienes que hacer nada', pero yo quiero hacer algo".

¿Es cierto que una persona con discapacidad no puede o no debe aportar algo en la iglesia? Sin duda, puede y debe. Una niña con discapacidad cognitiva, en este caso con síndrome Down, puede tener una vida espiritual. Escuchemos la voz de una madre:

> Diana es una niña de 12 años. En su condición de persona con síndrome Down, tiene dificultad para expresarse verbalmente. Sin embargo, esto no ha sido impedimento para que ella logre conocer el amor de Dios ni para que repita una oración de aceptación al Señor Jesucristo en su corazón. Tampoco para gozar de los cantos que alaban y exaltan su nombre. Pero hay algo mayor que queremos compartir. En una oportunidad escuchamos a Diana tomar la palabra en una reunión familiar de oración e interceder con acción de gracias por cada uno de los miembros de la familia. Lo hizo con una oración coherente, sencilla y directa, que estamos seguros subió hasta el trono de Dios.

En el camino

¿Por qué hablar de caminar? Si no estamos acostumbrados a caminar todos los días, nos costará esfuerzo, tiempo y paciencia. Sin embargo, caminar era normal en la época en que Jesús nació. Si leemos los textos bíblicos acerca de Jesús, nos daremos cuenta de muchos aspectos culturales de su época y de cómo vivió él. Hombres, mujeres, niñas y niños, todos caminaban de un lugar a otro. Las personas importantes podían montar un caballo o ser llevadas en un carro con caballos o podían viajar montadas sobre un burro, pero la gente pobre tenía que caminar.

Jesús caminó; se identificó con las multitudes de hombres y mujeres pobres. Caminó horas y días con sus discípulos y amigos. Durante estas caminatas, les enseñaba directamente y a través de parábolas o de acciones. Podemos imaginar estos viajes, los momentos tranquilos durante la mañana antes del calor del mediodía. O el cansancio, al final de una caminata larga, cuando buscaban un lugar para pasar la noche, el cual podía ser una casa humilde o, simplemente, un espacio bajo las estrellas. La solidaridad al caminar juntos, cuidándose mutuamente para que nadie se quedara atrás, era parte del aprendizaje. Las conversaciones y los chistes alrededor de la mesa, cuando por fin llegaban a su destino, eran parte de la aventura. Las experiencias compartidas hicieron que se conocieran cada vez mejor, especialmente si alguien se encontraba en problemas. Cuando había discusiones entre los discípulos, y Jesús tenía que intervenir, enseñaba con su palabra y ejemplo.

La iglesia evangélica, como el conjunto de la sociedad de hoy, ha perdido esta estrategia de aprendizaje. ¿Quién tiene tiempo para aprender así, caminando? Usamos la radio, la televisión, el video e Internet para buscar nueva información. Y si queremos interactuar con alguien, recurrimos al teléfono, al correo electrónico, al Facebook o al Skype. Nuestro estilo favorito es tecnológico y virtual, por su velocidad.

Podemos recuperar algunos de los beneficios de la caminata compartida. *El progreso del peregrino* fue escrito por el inglés John

Bunyan y publicado en 1678. Es un libro clásico y forma parte de nuestra herencia evangélica. El héroe, el Peregrino, respondió a la invitación de salir de su casa y a descubrir más de Dios mientras caminaba a la Ciudad Celestial. Tuvo que enfrentar tentaciones en ese camino y se encontró con muchos otros peregrinos; no caminó solo, sino conversando con alguien. Caminar conversando y tomándonos tiempo para conocernos, hoy parece muy atractivo frente a la velocidad de nuestras vidas. En vez de comunicarnos por teléfono o correo electrónico, nos da la oportunidad de entrar en diálogo, cara a cara.

Los peregrinos con quienes vamos a caminar son como Elena, una joven que nació sorda; y como Julia, quien tiene una discapacidad físico-motora. También conoceremos a Rodolfo, que empezó su caminata sin discapacidad, pero después de un accidente adquirió una. Conversaremos con los padres de niños que no se dan cuenta de su estado de discapacidad compleja, pero luchan por vivir y disfrutan la vida. Como dice en el libro de Hebreos, es una multitud caminando en la fe.

En el camino entramos en diálogo con otras personas que representan a ministerios de la iglesia y organizaciones no gubernamentales. Este es una caminata en comunidad, la comunidad de nuestra fe.

Discapacidad: ¿pérdida o pluralidad?

Uno de los conceptos que asociamos con discapacidad es el de "pérdida", puesto que muchas personas con discapacidad han perdido sus habilidades para hablar, movilizarse, escuchar o ver el mundo alrededor de ellos. También consideramos que nacer con alguna de estas discapacidades deja a la persona disminuida, como en el caso de una persona con síndrome Down, que probablemente no irá a la universidad y por ello "perderá" la oportunidad de ser profesional. O, tomando la figura de la caminata, como algunos no pueden caminar, se están perdiendo de una experiencia linda. ¿No es obvio que ellos viven experiencias de pérdida? Imaginamos que sus vidas deben ser tristes o frustradas.

En el libro *Una iglesia de todos y para todos*, la Red Ecuménica para la Defensa de la Persona con Discapacidad (Ecumenical Disability Advocates Network, o EDAN) lo discute: ¿Es pertinente usar en nuestro lenguaje el término discapacidad asociado a la pérdida, pese a ser una etapa de la peregrinación de las propias personas con discapacidad? ¿No sería más adecuado asociarlo al concepto de pluralidad?

La pluralidad es, en verdad, parte de la realidad que vivimos todos. Nadie es igual a otra persona, cada uno es único. Dios nos creó individualmente. La diversidad es nuestra experiencia común. Lo que nos cuesta es la amplitud de la diversidad. Entender que algunos nacen sin brazos, o hablan con señas y gestos, en vez de palabras, debe ser parte de nuestra formación como ciudadanos del reino de Dios.

Estamos fascinados desde muy jóvenes con nuestra apariencia y la moda, y nos resulta difícil aceptar las diferencias corporales. Especialmente cuando somos adolescentes, nuestro deseo es mostrarnos exactamente como nuestros héroes de la televisión o del cine, o igual que nuestros amigos. Como jóvenes, quizás no nos guste ser diferentes, pero en la madurez es más factible dar valor a la diversidad.

La experiencia de tener una discapacidad no es tanto una pérdida, sino la posibilidad de un peregrinaje diferente, que implica una caminata y un caminar distintos. En este peregrinaje vamos a tener tiempo para el diálogo, espacios para la buena conversación, y momentos para compartir experiencias diversas. En fin, hallaremos más oportunidades para conocer a los demás que en un viaje veloz por tren o avión. Tendremos más tiempo para conocernos a nosotros mismos y a Dios, nuestro creador.

Propósito de la caminata

Este libro es para todos los que quieran ser peregrinos junto con las personas con discapacidad. El fin no es sólo llegar a las personas con discapacidad para ayudarlas (aunque a veces sí necesitarán ayuda), sino caminar con ellas hacia Dios y su reino. Bunyan nos contó que, en su camino, el Peregrino quería llegar a la ciudad celestial, nada menos que hacia la plenitud de vida eterna con Dios. Esta es nuestra meta también, empezando aquí y ahora, pero terminando con todo lo que Dios tiene guardado para nosotros. "Sin embargo, como está escrito: Ningún ojo ha visto, ningún oído ha escuchado, ninguna mente humana ha concebido lo que Dios ha preparado para quienes lo aman" (1Co 2.9).

Si queremos caminar junto a las personas con discapacidad, debemos cambiar nuestro paso. Esto quiere decir que debemos empezar haciendo una revisión de nuestras vidas, valores y prácticas. Hay que evaluar los valores que forman la base de nuestras vidas. Esta revisión es pertinente porque afecta nuestras actitudes pastorales, y la dinámica de nuestra iglesia. Nuestra visión de este mundo, y lo que viene, debe ser probada. ¿Es realmente entonada con la palabra de Dios?

Es urgente reconocer que todos, si formamos parte del cuerpo de Cristo, somos iguales. Todos somos "peregrinos" —con discapacidad o sin ella—. Lo que puede variar es solamente la manera, el ritmo o el estilo de progreso. Este camino de la discapacidad nos llevará por rutas diferentes, quizás más despacio, pero nos da la oportunidad de disfrutar una compañía y un nuevo panorama.

A lo largo de la historia, han existido en el mundo personas con discapacidad que, igual que nosotros, buscaron a Dios, querían transitar en sus caminos. Moisés fue uno de ellos, Jacob otro, los dos sirvieron fielmente al Señor. Podemos imaginar los miles de siervos de Dios que con alguna discapacidad, durante siglos hasta hoy, viven esta realidad.

Lo difícil para nosotros, que no hemos experimentado una discapacidad, es abrazar la pluralidad de personas y sus experiencias de vida; es entender que todos somos creación de Dios. Para incluir a la niña, el niño o el adulto con discapacidad, debemos ampliar nuestra imagen restringida del ser humano y mostrarles el amor de Dios, genuino y sin excepción. De lo contrario, su exclusión puede ser una triste señal de que la iglesia no está siguiendo los pasos genuinos de Jesús.

Peregrinaje personal de la autora

Hace muchos años en Inglaterra, cuando empecé mis estudios de educación para niños y niñas con necesidades especiales, nunca imaginé que iba a trabajar con esta población en un contexto tan diferente al de mi país, como es América Latina.

Todo lo que aprendí en la universidad, y mucho más en las escuelas en que trabajé, impactó enormemente en mi vida y cambió mis prioridades. Disfruté de mis años como maestra, pero no hice una reflexión profunda y bíblica sobre la vida de las personas discapacitadas.

Como cristiana, me interesaba en todo el mundo, más allá del simplemente trabajar, adquirir dinero o bienes, y ver crecer a mi familia. Por mi formación en la Comunidad Internacional de Estudiantes Evangélicos (CIEE), aprendí los valores y principios bíblicos, y me preocupó seguir en los pasos de Jesús. Cristo hizo todo por nosotros y ahora nos toca aceptar su sacrificio en la cruz y vivir por él, mostrando nuestro amor y gratitud con nuestras acciones y en obediencia. Mi motivación personal siempre fue el amor de Cristo por mí y su llamado para ir en busca de otros, con el fin de hablarles de Dios y su reino. La misión integral, en la que se contemplan todos los aspectos de la persona: espíritu, cuerpo, mente y emociones —que encontramos una y otra vez en las enseñanzas de Jesús— era la meta que me empujó a salir de mi contexto y cultura.

A pesar de esto, no logré entender que la población de personas con discapacidad es un "pueblo no alcanzado" por el evangelio. Hoy estas personas viven en nuestros barrios, normalmente con sus familias, como un "subgrupo" o "subcultura" en nuestra sociedad, y sólo un reducido número asiste a una iglesia. Pocas iglesias los han buscado con el evangelio o con apoyo pastoral. En cierto sentido, son invisibles, permanecen en la misma comunidad pero olvidados y excluidos. Probablemente saben muy poco del evangelio, como si fueran miembros de algún pueblo lejano a donde enviamos "misioneros". Yo tampoco me daba cuenta de esta realidad.

Más adelante, cuando salí con mi familia para trabajar en el Perú, nunca se me ocurrió que iba a hacer uso en América Latina de mis experiencias de trabajo con personas discapacitadas. Luego de años de colaboración con los grupos de la Comunidad Internacional de Estudiantes Evangélicos en el Perú y en Costa Rica, decidí cambiar mi enfoque. Nuestra organización misionera, *Latin Link*, me ofreció la oportunidad de dedicarme por un periodo sabático a estudiar la teología de la discapacidad.

Fue un nuevo llamado para mí. Durante los años en los que estuve metida en otros asuntos, el mundo de la persona con discapacidad había cambiado totalmente. El lenguaje cambió, las políticas cambiaron, se crearon nuevas leyes. En muchos lugares mejoró la infraestructura y, lo más profundo, las actitudes empezaron a transformarse. Además, descubrí algo sorprendente: algunos cristianos que escribían sobre el tema de las personas con discapacidad, usaban la Biblia para defender sus tesis. Ya no era un estudio académico, secular, sino un campo misionero.

Por primera vez leí libros y artículos teológicos acerca de las personas con discapacidad. Por más que mi motivación se encontraba en mi fe, nunca estudié la Biblia con este enfoque. Empecé a ver algunos textos en la palabra de Dios que nunca antes había notado. ¡Mi aventura había comenzado! El Señor usó mi tiempo del año sabático para convencerme de que mi trabajo en América Latina debía realizarse con el enfoque de la inclusión de la persona con discapacidad.

Mensaje de esperanza

Quiero compartir con ustedes lo que encontré. Es un mensaje de esperanza y de amor que busca la inclusión de la persona con discapacidad y su familia. Reconoce este mensaje el derecho a la vida plena de los que tienen que vivir con discapacidad, y busca la participación activa de ellos en la sociedad. Las personas con discapacidad han estado tan olvidadas que en muchos casos hay que partir de cero. Este es el camino por emprender.

Entendemos que la persona con discapacidad tiene dones y talentos. Posee también un camino y proceso diferentes, requiere que aceptemos el reto de pensar más allá de la atención asistencial. El desafío es comprometernos con el desarrollo de la persona con discapacidad, y darle el espacio de otro discípulo más de Jesús.

Veremos nuevos paradigmas que pueden cambiar actitudes. Dejemos que la Palabra de Dios nos hable. Históricamente, la persona con discapacidad ha sido discriminada en todas las áreas de su vida. Aunque es muy difícil, debemos reconocer que nosotros, la iglesia, no hemos hecho todo lo posible para incluir a la persona con discapacidad. Muchas veces hemos actuado en forma discriminatoria, sin darnos cuenta, y sin pensar en las posibles consecuencias. Como iglesia hemos hecho muy poca reflexión teológica, y esta carencia se ve en la falta de prédicas acerca del tema de discapacidad. Como generalmente este tema no se ha enseñado en los seminarios y las universidades teológicas del continente, no es una sorpresa que los pastores no sepan cómo predicar sobre este asunto. Entonces, hemos fallado más por omisión o negligencia que deliberadamente. También yo fallé, aun con mis estudios y experiencia. No podía entender que el reino de Dios es también para todas las personas con discapacidad y que ellas pueden ser actores. En fin, no necesitan, y no quieren, nuestra lástima, sino nuestra colaboración.

Nadie que realmente ama a Dios, ha actuado deliberadamente para dañar o lastimar a la persona con discapacidad, sino por desconocimiento de que existe un mejor camino. En nuestra cultura, la marginación y exclusión han sido tan normales que nadie las cuestionó sino hasta hace poco tiempo, cuando la misma sociedad fue tomando conciencia del hecho. Ahora la iglesia puede aprovechar muchas normas, convenios internacionales y leyes nacionales referidos al tema, para actuar con mayor fuerza y garantizar un trato más justo e inclusivo. Espero que el lector esté listo para una aventura diferente, para ir por un camino desconocido. Pero bien vale la pena.

Sección I

Preparativos

Una persona con discapacidad visual intenta ingresar a un lugar con su perro guía, pero otra persona la detiene y le indica un letrero donde dice: No mascotas.

¿Con quién caminamos?

La persona con discapacidad: definición, terminología y diversidad de discapacidades

Si caminamos con alguien, es natural querer conocer algo de nuestro compañero. En el camino conversaremos, pero desde el inicio debemos preguntarnos con quién caminamos.

Cuando era joven, pensaba que no conocía a ninguna persona con discapacidad, ni en mi familia, ni entre mis amigos ni en mi vecindario. Estaba equivocada, porque ahora recuerdo a una muchacha, Susanna, quien tenía algunas dificultades para oír, hablar, aprender a leer y escribir. Ella era amiga de mi hermana y yo jugaba con ellas. Nunca se nos ocurrió pensar en sus "discapacidades", simplemente notábamos que era un poco "diferente" y más lenta que los demás amigos para captar nuevas cosas. En verdad, sus discapacidades eran leves y, cuando sus padres murieron, ella pudo seguir viviendo en su casa, independientemente. Trabajó en una tienda y se congregó en una iglesia. Pero su vida social fue limitada; con el paso de los años, experimentó soledad y se deprimió. Se fue a vivir en un hogar donde hasta hoy recibe apoyo. Mi hermana es una de sus pocas amigas.

Escuchemos otras voces

"Tengo parálisis cerebral. Siempre tuve muy pocos amigos, y me sentía muy mal" (Esteban, El Salvador). "Mi papá nunca aceptó mi ceguera, para él no fui una persona normal; eso me afectó mucho" (Olga, Guatemala). "No me dejaron jugar ni correr, mi madre tomaba las decisiones en vista de que yo tenía ataques de epilepsia, y graves problemas de visión. En la escuela no me tomaban en cuenta en los trabajos en grupo, me sentía frustrada" (Carmen, Honduras).

Hay miles de personas que, como Susanna, viven en nuestros barrios. Quizás las saludamos todos los días pero no son nuestras amigas. Nos cuesta hablarles. Podemos decir que no tenemos tiempo para entablar conversaciones con personas que no captan el tema de inmediato y que no están al día con las novedades de nuestra cultura. Tenemos lástima de ellos pero no queremos saber más. Sin embargo, las personas con discapacidad no son víctimas y no quieren nuestra lástima, sino nuestro apoyo y nuestra amistad genuina. Hay una gran diferencia entre lástima y compasión, como se ve en el ejemplo de Jesús frente a la persona con discapacidad.

Oí decir a una amiga: "No quiero que me tengan lástima, que me inviten a una fiesta con una torta una vez al año, y que luego organicen la 'teletón' mostrando todo lo que no puedo hacer; y que finalmente me olviden durante meses. Yo sólo quiero una verdadera oportunidad. Quiero educarme y trabajar".

Es verdad que la lástima no puede ayudar a la persona, pero la compasión, como la que Cristo mostró en su ministerio, tiene un enorme potencial para ofrecer oportunidades de desarrollo personal.

Es frecuente que las personas con discapacidad se depriman por su misma situación. Si se dan cuenta de todo lo que para ellos es imposible y si no encuentran apoyo para desarrollarse al máximo, la depresión es un peligro muy presente. En algunos casos, son los padres los que sobreprotegen a sus hijos y los dejan sin las oportunidades naturales de encontrar amistades o de educarse.

Esta es otra historia real: una persona ciega, Andrés, de una comunidad indígena en Ecuador, tuvo que escaparse de su casa siendo muy joven, porque él quería ir a la universidad en Quito y sus padres no le permitían salir solo. Logró estudiar y ahora es abogado, una persona independiente, a la que la sobreprotección de sus padres casi le cuesta su sueño.

La vida social de muchas otras personas con discapacidad puede estar limitada al círculo familiar y, a menudo, no pueden encontrar empleo porque no están preparados. Como en el caso de Susanna, el momento más difícil se presenta cuando se mueren los padres y la hija o el hijo se quedan sin apoyo emocional. Retomaremos este tema en el capítulo 9.

La persona con discapacidad en la sociedad

Hoy, con los cambios sociales, vemos en nuestras calles, en los supermercados y en todo lugar público, personas con discapacidades mucho más severas que las de mi amiga Susanna. Son personas que no pueden caminar o no hablan, o les falta un miembro de su cuerpo o tienen una deformación. Se ve personas ciegas caminando en las calles con un bastón blanco o un perro guía, y personas sordas en conversaciones que no entendemos porque utlizan un lenguaje de señas. Nos da vergüenza admitirlo, pero muchas veces hacemos cualquier cosa para no tener que hablar con ellos. Todos sabemos que debemos tratarlos como iguales, sin embargo no sabemos cómo. Preferimos hablar con sus padres, sus acompañantes o sus ayudantes, pero evitamos conversaciones con ellos mismos, porque no tenemos idea de qué hablar y sentimos miedo. Varias personas me han dicho que su temor es ofender a la persona con discapacidad simplemente por ignorancia y por no saber cómo relacionarse con ella. Este temor es una barrera que nos impide conocer a la persona y aceptarla tal como es.

Si has tenido un amigo, familiar o vecino con discapacidad, debes saber este secreto: ¡Las personas con discapacidades no son extraterrestres! Aunque a veces nos cuesta entenderlas, vivimos en el mismo mundo. Las personas con discapacidad son como nosotros, pueden tener los mismos sueños, los mismos gustos y las mismas necesidades sociales y emocionales. Lo más importante de todo es que tienen las mismas necesidades espirituales. Si no cruzamos la barrera de nuestro miedo, ¿quién les va a llevar las buenas nuevas de salvación en Cristo?

Lorena es miembro de un grupo de adultos con discapacidades. Este grupo no pertenece a la iglesia, sino que es una iniciativa de algunos vecinos en su comunidad, pero hace poco todos fueron invitados a una iglesia evangélica cercana. Lorena expresó así su gratitud por este gesto de inclusión:

> Estoy muy agradecida con Dios por el grupo de adultos con discapacidad de mi comunidad porque antes era una persona amargada, no sonreía, no hablaba con nadie y me sentía triste y sola. Desde que me integré al grupo, me sentí mucho mejor porque tengo amigos y sé que no estoy sola. También estoy agradecida por la invitación a la iglesia y emocionada por encontrar nuevos amigos, lo cual me llena de esperanza.

Esta muchacha habla de su necesidad de tener amigos, de enfrentar las diversas experiencias de la vida acompañada. ¿No es verdad que cuando tenemos problemas o dificultades, apreciamos aún más a nuestros amigos y familiares? También dice que la invitación de la iglesia la "llena con esperanza". Es un buen testimonio de la diferencia que la iglesia puede hacer en las vidas de personas marginadas y olvidadas, que necesitan esperanza. En Cristo pueden encontrar la razón de vivir.

Importancia del lenguaje

Nos preguntamos, entonces, ¿quién es la persona con discapacidad? ¿Cómo podemos hablar de ellos y con ellos? ¿Cuál es el lenguaje apropiado? Hoy en la sociedad se habla mucho del uso de términos que mantienen la dignidad de la persona con discapacidad; es un cambio muy necesario. Pero cuando preguntamos a nuestros amigos o vecinos, encontramos una confusión. Existen muchas expresiones para referirse a una persona que debe usar una silla de ruedas o no oye bien o que necesita ayuda para comer o que aprende muy despacio. Los términos que se usan hoy son diferentes respecto del lenguaje que utilizaban nuestros padres.

En la Biblia encontramos que las palabras suenan aún más anticuadas y posiblemente ofensivas para algunos (paralítico, cojo, inválido, sordomudo, lunático). Los expertos y traductores del texto bíblico nos explican que la razón de estos términos es la fidelidad al original. En los manuscritos antiguos, en su idioma original, se usaron términos de su contexto sociohistórico. Como hoy vivimos en una sociedad totalmente distinta, con conocimientos científicos y modernos, es obvio que utilizamos palabras más técnicas y términos médicos para describir una condición del cuerpo humano. Nuestro entendimiento ha cambiado mucho a lo largo de los siglos, y en los últimos cincuenta años el ritmo de cambio ha sido más veloz.

Pero seguimos usando viejos términos del siglo pasado y palabras ofensivas, mayormente sin pensar en el daño que podemos hacer con palabras como "minusválido", "idiota" o "enano" para mencionar algunos ejemplos. La palabra "imbécil", que suena tan fuerte para nosotros, fue usada como un término técnico en el siglo diecinueve, pero ahora es sumamente ofensivo. De igual manera, "vegetal", "subnormal", "retardado" son palabras peyorativas. Es increíble que todavía se escuchen. Igualmente, en textos para estudiantes universitarios se leen términos como "retardo mental", no solamente en América Latina, sino también en los Estados Unidos.

El poder de la palabra

¿Importan las palabras? Si nuestra intención es buena y no queremos dañar a la persona, quizás no importen tanto, pero las palabras tienen un poder que afecta nuestras mentes y corazones. Un lenguaje negativo acerca de las personas con discapacidad envía un mensaje muy sutil: que son personas sin futuro, sin esperanza, que no vale la pena invertir nuestra energía, ni los escasos recursos, en ellas. Como no podemos imaginar una vida con discapacidad, pensamos que sus vidas deben ser tristes.

Sin embargo, no es así. Muchas personas con discapacidad viven felices. Algunas están muy ocupadas, tienen trabajos y familias; otras disfrutan la vida a pesar de sus limitaciones, no están tristes. Elena, una joven sorda, dice: "Estoy enamorada de Cristo. No podría vivir sin él. Me llena de amor, esperanza, y felicidad en el corazón. He descubierto que el hecho de ser una persona sorda, no me tiene que impedir ser feliz".

Entonces, ¿por qué insistimos en usar un lenguaje para víctimas o de inutilidad cuando hablamos de personas con discapacidad? Quizás no somos conscientes del efecto de nuestras palabras, pero la Biblia sí reconoce el poder de la palabra: "Ciertamente la palabra de Dios es viva y poderosa, y más cortante que cualquier espada de dos filos. Penetra hasta lo más profundo del alma y del espíritu, hasta la médula de los huesos, y juzga los pensamientos y las intenciones del corazón" (He 4.12).

Si la palabra de Dios puede cortar como una espada, también es cierto que nuestras palabras pueden ser dañinas, como dice Santiago en su carta: "Con la lengua bendecimos a nuestro Señor y Padre, y con ella maldecimos a las personas, creadas a imagen de Dios. De la misma boca salen bendición y maldición. Hermanos míos, esto no debe ser así" (Stg 3. 9,10). Como cristianos tenemos la responsabilidad de cuidar nuestras bocas y evaluar nuestro lenguaje, preguntando si reconoce dignidad en el ser humano o le quita todo respeto.

Un lenguaje apropiado

Tristemente, algunos usan palabras peyorativas a propósito para herir o sacar provecho de alguien que no puede defenderse. El uso de la palabra "mongolito" es un ejemplo ("mongol" es una expresión que ha sido utilizado para referirse a la persona con síndrome Down y que hoy se considera como sumamente abusivo y ofensivo. También es usada con relación a personas que no tienen síndrome Down, simplemente porque es muy insultante). Así que en nuestros barrios, en la calle y en nuestras instituciones, en presentaciones de teatro de índole "humorístico" o por radio y televisión, se escucha todavía un lenguaje que carece de respeto y veracidad.

El síndrome Down se relaciona con el nombre del médico John Langdon Down, quien en 1866 fue el primero en identificarlo como algo específico. El mismo Down lo asoció con razas orientales como la de Mongolia y aplicó el nombre de "mongoles" a las personas afectadas, sin dar una explicación, debido a que la ciencia aún no estaba en capacidad de realizar una investigación profunda. En 1959, Jérôme Lejeune descubrió que se trata de una anormalidad cromosómica, pues la persona afectada, en vez de 23 pares de cromosomas, tiene un cromosoma más en el par 21, una *trisomía*. Por ello se le llama *trisomía 21* o *síndrome Down*. Así, posee un total de 47 cromosomas, lo cual produce en ella características especiales, algunas muy obvias, y otras que no se ven, como algunos problemas en el corazón.

Como es un tema tan sensible, muchas personas tienen opiniones muy marcadas. Algunos de mis amigos que viven con discapacidad me han dicho que lo que más les ofende son los términos negativos (por ejemplo, "un discapacitado"), mientras otras dicen que son las expresiones como "usted es especial" o "usted es muy valiente". Estos últimos suenan bonitos, pero contienen un mensaje, escondido, de lástima.

Entre la terminología usada, escuchamos expresiones tales como "personas especiales", "discapacitados", "personas con retardo mental", "sordos", "ciegos" o "paralíticos". Se dice también que son personas con "necesidades diferentes" o con "capacidades especiales". Algunos suelen llamarlos "personas con necesidades especiales" y otros "minusválidos". También se dice "pobrecito", cuando se trata de personas que "sufren" de parálisis o pospolio, o que están "postradas" en una cama u "obligadas" a usar una silla de ruedas. Todo implica que sus vidas no son felices y que nunca podrán lograr éxito en ningún área. Este paradigma de víctima está muy lejos de la experiencia de la gran mayoría de estas personas, quienes sólo quieren disfrutar de la vida y nos piden apoyo.

Debido a una condición genética, Julia tiene poca fuerza en sus brazos y no puede caminar. Ella lo expresa así: "Para mí, una silla de ruedas me da libertad. Sin una silla de ruedas yo no puedo movilizarme, pero con ella tengo la posibilidad de salir de mi casa, estudiar, trabajar, hacer compras, ir a la iglesia o tomar café con mis amigas. Con este aparato eléctrico tengo mi independencia". Cabe decir que Julia sabe muy bien cómo disfrutar de su libertad, ¡de ninguna manera es "una pobrecita"! Trabaja en computación y maneja su vida por sí misma.

El hecho de que todavía haya muchos lugares inaccesibles para ella en su silla de ruedas, no tiene que ver con su condición, sino con las barreras sociales en el ambiente. Las calles sin aceras, con huecos enormes, las gradas sin rampa, los baños pequeños y las puertas estrechas son algunas de las trabas para su vida independiente.

Entre los dos extremos, de lo peyorativo a lo excesivamente "dulce", la mayoría de nosotros seguimos con un vocabulario dudoso, limitando nuestra comunicación transparente. Pero prestemos atención a las palabras de Noel Fernández, un pastor bautista de Cuba, una persona invidente y coordinador de la red en defensa de las personas con discapacidad: "Las personas con discapacidad no son más santas ni más malas que los demás, todos somos iguales".

Es casi seguro que el lenguaje apropiado seguirá evolucionando. En ese contexto me parece importante ponernos de acuerdo en un uso adecuado hoy. Especialmente en la iglesia tenemos que dar la bienvenida a cada persona y mostrarles el amor de Dios en palabra y acción. ¿Cuál sería la recomendación de un término adecuado?

Sugerencia del término preferido

Mi recomendación es que usemos la expresión "persona con discapacidad"; de hecho este es el término que se usa en este libro. Explicaré por qué, por ahora, es mejor. Cuando de nuevo empecé estudiar el tema de discapacidad, tuve que hacer un cambio radical para renovar mi vocabulario. Durante muchos meses traté de guardar mis palabras para no usar términos anticuados a los que estaba acostumbrada. Cuando logré este cambio, descubrí otro cambio, que es la actitud. Me di cuenta de que en realidad las palabras que usamos tienen un efecto en nuestras actitudes. Nuestras palabras son claves para tomar la "temperatura" de nuestros pensamientos. Esto se evidencia, por ejemplo, cuando decimos "persona con discapacidad cognitiva" en vez de "persona con retardo".

Algunos argumentan que es mejor decir "personas que viven en condición de discapacidad", "que viven con limitaciones" o "con necesidades diferentes". Creo que estas expresiones pueden ser alternativas; pero, por claridad, y por el uso oficial, optamos por "persona con discapacidad", tal como se utiliza en la actualidad en las convenciones internacionales, las normas oficiales y las leyes nacionales.

Es importante que hablemos con claridad, pues el uso de algunos términos dificulta nuestra comprensión. ¿Qué entendemos por "personas especiales", "necesidades especiales" o "capacidades diferentes"? La palabra especial se utiliza con muy buenas intenciones pero origina problemas debido a su ambigüedad. ¿Qué es especial? ¿Quién es especial? La persona con discapacidad es especial para Dios, pero no más especial que cualquier otra persona. Si la persona con discapacidad es especial, yo soy especial también. Dios nos ama por igual, no tiene favoritos. No hace excepción de personas; todo es por gracia, no por mérito. "Porque con Dios no hay favoritismos" (Ro 2.11); "Ya no hay judío ni griego, esclavo ni libre, hombre ni mujer, sino que todos son uno solo en Cristo Jesús" (Gá 3. 28).

En fin, nuestra meta es conocer a la persona y tratarla con respeto.

Lenguaje internacional

La palabra "discapacidad" ha sido interpretada de diferentes maneras. Antes se decía que "es toda restricción o ausencia (debido a una deficiencia) de la capacidad de realizar una actividad en la forma o dentro del margen que se considera normal para un ser humano"[1].

En la actualidad tenemos una nueva herramienta creada por la Organización Mundial de Salud (OMS), es la Clasificación Internacional del Funcionamiento, de la Discapacidad y de la Salud (CIF), aprobada por la Asamblea Mundial de Salud del 2001. Este documento nos puede ayudar con conceptos y términos. Principalmente se habla no tanto de lo que una persona no puede hacer, sino de su estado de salud, o funcionamiento, o sea, de lo que puede hacer. Todos tenemos un estado de salud particular. De acuerdo con este documento, "funcionamiento" es un término genérico para designar todas las funciones y estructuras corporales, la capacidad de desarrollar actividades y la posibilidad de participación social del ser humano. También explica que la palabra "discapacidad" es como un paraguas que recoge las deficiencias en las funciones y estructuras corporales, las limitaciones en la capacidad de realizar actividades y las restricciones en la participación social del ser humano. "Salud" se usa como el elemento clave que relaciona a los dos anteriores. Explica que nuestro estado de salud (que está determinado por

---

[1] Clasificación Internacional de Deficiencias, Discapacidades y Minusvalías (CIDDM), publicada por la OMS en 1980. Véase también Carlos Egea García y Alicia Sarabia Sánchez, *Clasificaciones de la OMS sobre discapacidad*, Murcia, 2001.

funciones y estructuras de nuestro cuerpo) afecta nuestra capacidad para hacer actividades y participar en la sociedad. Hay que sumar factores ambientales, como la arquitectura si uno necesita usar una silla de ruedas. Al mismo tiempo, nuestra situación personal juega un papel importante.

Por ejemplo, una persona que no puede caminar pero tiene la posibilidad de comprar una silla de ruedas eléctrica y vive donde las calles y los edificios son accesibles, puede participar mucho más en la sociedad que una persona con la misma condición física pero que no puede conseguir una silla o donde el ambiente carece de las adecuaciones para usarla. Otros factores personales son su propia capacidad para tomar iniciativas, su estado de ánimo, el apoyo familiar, su grado de educación, su formación y su relación con Dios.

Es un asunto técnico y complejo; pero lo importante es que se reconozca que cada persona tiene su propia experiencia. Su capacidad para participar en la sociedad (y también en la iglesia), depende de múltiples factores: algunos físicos, otros de actitud y otros que se relacionan con la accesibilidad en la sociedad. En esta perspectiva, lo que hace la CIF es enfatizar que todos somos responsables, tanto las personas con discapacidad como las que no la tienen, para mejorar la accesibilidad para toda persona.

¿Personas con discapacidad o enfermas?

Otra confusión se relaciona con el vínculo entre enfermedad y discapacidad. Aunque existe relación entre estas dos, ambas no son iguales. Una enfermedad, como una infección estomacal, no es de por vida, aunque puede dejar a la persona con secuelas que son discapacidades, como en el caso de la poliomielitis. En cambio, una discapacidad es algo con lo que la persona tiene que vivir. Se puede aliviar su dolor y se la puede ayudar en su rehabilitación, pero su mal no tiene cura, como es el caso de una persona que tiene que vivir con un miembro amputado después de un accidente.

Aunque no podemos ser exhaustivos en este capítulo[2], cabe mencionar que las causas de las discapacidades son múltiples. Muchas de ellas son resultado de un problema en los cromosomas y genes (por ejemplo: síndrome Down, distrofia muscular o retinitis pigmentosa), o de un trauma en el vientre materno. Durante los primeros meses de embarazo, el bebé está muy vulnerable y puede ser afectado por enfermedades como rubéola o por medicamentos como la talidomida, que pasan de la mamá al bebé a través del cordón umbilical. En ambos casos, el desarrollo del feto está comprometido y trae consigo discapacidades muy serias y múltiples. Si el bebé experimenta falta de oxígeno durante el embarazo o el parto, ello puede resultar en parálisis cerebral infantil. El uso de herramientas para extraer al bebé en un parto difícil, también puede dañar el cerebro.

Adicionalmente, hay que recordar la importancia del ambiente, como los contaminantes en el agua, la comida o el aire; los accidentes, la malnutrición, la toma de sustancias tóxicas, como alcohol o drogas, y el daño causado por fumar cigarrillos.

En la CIF se ven las diferentes condiciones que pueden dejar en desventaja a la persona. Hay tres diferentes áreas de discapacidad:

► **Físico-motora**, que afecta los sistemas o miembros del cuerpo. Por ejemplo, amputaciones, parálisis, distrofias, pospolio, espina bífida, fibrosis cística y problemas de huesos frágiles.

► **Sensoriales**, que afectan la vista, el oído, el tacto, el olfato o la habilidad para detectar sabores. Por ejemplo, personas no videntes (ciegos), no oyentes (sordos), o con ambas (sordociego).

► **Cognitiva y emocional** (o de conducta), que incluye discapacidades que afectan el intelecto: síndrome Down, síndrome frágil x, autismo clásico, microcefalia, algunos casos de hidrocefalia y otros traumas del cerebro. También, las discapacidades emocionales o de conducta, tales como el

---

2 Ver el apéndice referido a recursos para obtener más información específica a este respecto.

síndrome de Asperger, la esquizofrenia o el trastorno obsesivo-compulsivo y la bipolaridad, para nombrar algunas.

Algunas condiciones comunes pueden ser asociadas con muchas diferentes discapacidades o ser, en sí, la única discapacidad. Por ejemplo, la epilepsia, el déficit de atención y la hiperactividad —que pueden ser leves, moderados o severos— ocurren con frecuencia en combinación con otras discapacidades.

La epilepsia es una condición que afecta al cerebro; cuando es muy severa, la persona afectada nunca podrá llevar una vida independiente. En muchos casos, puede ser controlada con medicamentos, pero en otros, las medicinas no dan resultados positivos. Sin embargo, ello no debe ser visto como un "sufrimiento"; como en otras discapacidades, no debemos afligirnos por esta condición. Todos vivimos en situaciones que pueden limitar nuestras vidas; por ejemplo, la falta de recursos económicos, o un exceso de responsabilidad familiares, pueden impedir nuestra libertad para poder viajar. Nosotros, seres humanos, estamos expuestos a diferentes circunstancias, pero podemos disfrutar la vida, como es el caso de Roy, quien dice en su libro[3]:

> Yo vivo con epilepsia, pero no soy un epiléptico. No "sufro" de epilepsia. Es simplemente parte de mi vida. Es verdad, está bien controlada con medicamentos, sin embargo hago un monitoreo constante de mi estado. Espero las sensaciones que me avisan que en pocos momentos voy a estar en el suelo, en medio de un ataque. Odio estos momentos, pero no son frecuentes, y mi vida no está destrozada de la misma manera que las vidas de algunas personas con epilepsia.

Está claro que su epilepsia está bajo control con una medicación adecuada, y se siente realizado.

---

[3] Roy McCloughry y Wayne Morris. *Making a World of Difference*. Londres: SPCK, 2002.

Otros factores que debemos tomar en cuenta son los grados de discapacidad. Pueden ser leves, moderados, severos o profundos. Si alguien tiene más de una discapacidad (que es frecuente en las personas con discapacidad severa o profunda), se trata de una discapacidad múltiple. Estas situaciones son sumamente complejas. La calidad de vida de la persona afectada queda muy comprometida.

Una realidad del ser humano es su fragilidad. Está expuesto a accidentes, desastres naturales, enfermedades, y violencia en todos sus años de vida. Todos pueden causar discapacidad. En los últimos años de vida de cada persona, es normal que experimente una disminución en sus capacidades. Puede ser que ya no escuche bien, o que pierda la claridad de su visión. Mi mamá vivió muchos años con muy buena salud, y hasta con 85 años ella podía ayudar a otras personas. Pero a esta edad empezó a sentirse débil, sin energía, tenía problemas con su vista, su memoria, su movilidad, y aunque trataba de mantener su independencia, al final tenía que aceptar ayuda. Ella vivió algunos años más pero con discapacidades relacionadas con la edad, porque su cuerpo y sus energías fueron gastándose.

Si no morimos en un accidente o por un infarto o una enfermedad repentina, es muy probable que terminemos nuestros años con alguna discapacidad. Es normal, es parte de la vida, pero nos asusta reconocerlo. El hecho de que acondicionemos nuestras iglesias para recibir personas con discapacidad, es también, en realidad, para todos nosotros, para cuando lleguemos a la última etapa de la vida.

Llamados por nombre

En resumen, el estudio de los nombres de diferentes condiciones, las definiciones y la terminología alrededor del tema de la discapacidad, tiene un valor. Es importante que aprendamos a usar un lenguaje de respeto pero sin etiquetar a las personas. Mis amigos con discapacidad prefieren que los llame solamente por su nombre. No necesitamos explicar, como etiqueta, que es ciego o que usa silla de ruedas; simplemente usamos su nombre para identificarlo. Dios nos llama por un nombre también. Él nos conoce como un pastor que llama a sus ovejas: "Llama por [su] nombre a las ovejas y las saca del redil" (Jn 10.3b). Somos personas, tenemos nombres, somos conocidos por Dios nuestro creador. Si vamos a caminar juntos, es suficiente saber nuestros nombres; lo demás vamos a descubrirlo en el transcurso del viaje.

Trabajo práctico

Busca a tus amigos, familiares o vecinos y pregúntales qué palabras usan para designar a las personas con discapacidad. Haz una lista de todas las palabras, las dignas e indignas. Reflexionemos sobre nuestra manera de hablar. ¿Estamos dejando un buen ejemplo para nuestra congregación o nuestros hijos o colegas? ¿Cómo podemos mejorar nuestro lenguaje para que sea más respetuoso?

Capítulo 3

Un pastor intenta hacer un milagro de sanidad
en una persona con discapacidad para caminar.

¿De dónde partimos?

Pasado y presente de la persona con discapacidad en nuestra sociedad

Cuando planeamos una caminata, nos ayuda bastante el saber de dónde partiremos y entender en qué condición empezaremos. Los que corren en una maratón deben preparase y asegurarse de que están en forma para poder correr. Es igual para nosotros: si vamos a aprender a caminar en compañía de la persona con discapacidad, debemos evaluar nuestro pasado como sociedad, y el pasado de la persona con discapacidad.

Cada persona tiene su historia, así como cada nación o pueblo la suya. Se trata de un estudio complejo y hace falta mucha investigación; sin embargo, un intento, aun mínimo, nos ayudará a entender nuestra realidad, y también la preparación que debemos tener para esta caminata.

Si es importante tomar en cuenta la historia, también lo es saber algo del presente. Porque nadie vive en estado de aislamiento, todos somos producto de nuestro entorno. Las creencias y leyendas de la sociedad mayormente tienen alguna base en la realidad, pero, de igual manera, pueden representar nuestros propios miedos.

Entonces, las respuestas que encontramos en el pasado y en el presente, pueden cambiar nuestra estrategia para la aventura, y si no investigamos, es posible que volvamos a cometer los mismos errores de ayer. Todo lo que encontremos nos ayudará a tomar decisiones, como cuando partimos a algún sitio y decidimos qué llevar con nosotros. Basaremos nuestras decisiones en la experiencia, en el pasado y en las condiciones actuales.

¿Qué llevamos en nuestro equipaje?

Llega el momento de tomar decisiones sobre qué cosas vamos a incluir en nuestras "mochilas" de viaje. Antes de emprender un viaje, nos preguntamos qué debemos llevar. Podemos incluir algunas herramientas útiles que nos ayuden a encontrar la ruta y provisiones para el viaje. También, ciertos artículos para emergencias o situaciones imprevistas. En nuestra caminata con la persona con discapacidad, es indispensable que llevemos la verdad histórica y social y, sobre todo, la bíblica. Servirá para guiarnos, darnos energía y consolarnos cuando encontremos problemas o accidentes.

Parece que muchas personas con discapacidad llevan cierto bagaje extra. En parte son las mismas historias personales y también los mitos acerca de la discapacidad. Estos mitos son impuestos por la sociedad, y hasta por la iglesia, inconscientemente. Veremos más sobre este tema en el capítulo 4. Debemos evaluar nuestras creencias en función de si tienen o no tienen base verídica. Como el viaje puede ser un poco largo y posiblemente duro, no debemos llevar más de lo necesario. Recordemos que siempre tenemos que incluir la verdad en nuestras mochilas.

Escuchemos las palabras de Jesús dirigidas a los judíos que habían creído en él: "Si se mantienen fieles a mis enseñanzas, serán realmente mis discípulos; y conocerán la verdad y la verdad los hará libres" (Jn 8.31,32).

El apóstol Pablo habla de la verdad como elemento importante del amor de Dios, en contraposición a la maldad: "El amor no se deleita en la maldad sino que se regocija con la verdad" (1Co 13.6).

Todo lo demás es como una carga pesada que no necesitamos. El Peregrino mencionado en el capítulo 1, dejó su carga de pecados en la cruz. Pero la carga del que estoy hablando son los mitos alrededor de la discapacidad. Ellos son, simplemente, parte de nuestra cultura, y existen, mayormente, por falta de una educación al respeto. Nadie quiere criticar a la iglesia por algo de lo que no es responsable. Las ideas que tenemos acerca de las personas con discapacidad son construcciones sociales de nuestros antepasados, cuando no podían entender la manera en que nuestros cuerpos funcionan, y no tenían ciencia para obtener respuestas. En cambio, hoy tenemos mucha información científica acerca del ser humano.

Aun así, encontramos muchas historias como la relatada por Sergio, un padre:

> Soy agente de ventas y regularmente visito zonas alejadas de la capital. En una de mis visitas a un pequeño pueblo, conocí a una humilde familia en la que había un joven autista, Marcos. Esto me impactó, porque yo también tengo un hijo autista. Este muchacho de 20 años aproximadamente, no asistía a ninguna escuela, tampoco fue estimulado para integrarse en actividades de la vida diaria.
>
> Su mamá se encargaba del aseo y de su alimentación; lo sentaba en el corredor de la casa y ahí pasaba la mayor parte del tiempo. Yo los visitaba ocasionalmente cuando me encontraba en ese pueblo; pero un día llegué y me enteré de que su madre había fallecido. Después de eso, nadie más supo qué hacer con Marcos. Para mi sorpresa, él también murió poco tiempo después. Algunos vecinos dicen que murió de hambre, porque las personas que se encargaron de cuidarlo, no sabían qué él no pedía los

alimentos, sólo los recibía cuando su mamá se los daba.
Ellos suponían que si Marcos tenía hambre, iba a buscar o
a pedir el alimento.

Esta historia personal nos cuenta cuán fácil es ignorar la verdad. No podemos imaginar con facilidad las vidas diarias de las personas con discapacidad. Parecía que sólo la mamá sabía cómo vivía su hijo. Los demás nunca entendieron la manera de vivir de Marcos. No pudieron pasar la barrera y, por ello, a pesar de que él tenía las mismas necesidades de comer y beber que todos, no lo atendieron y asumieron que todo estaba bien. La falta de comunicación e integración en la vida familiar fueron, literalmente, fatales para Marcos.

Como lo explicamos en el capítulo 2, el lenguaje que usamos, las actitudes que tenemos, todo influye en la vida, así como en nuestro pensamiento y el de los niños y las niñas, desde su infancia hasta la edad adulta. Crecemos con estos valores y difícilmente los cambiamos. Sólo el poder de la palabra de Dios puede quitarnos las creencias dañinas.

La prehistoria de la discapacidad

Tenemos poca información de la prehistoria. Sólo sabemos que algunas tribus que hasta hoy mantienen sus tradiciones antiguas, muestran escaso cuidado por las personas con discapacidad. Era normal en muchas de estas culturas matar o dejar morir a un bebé con una discapacidad obvia. Se dice que esto continúa hasta hoy en algunos lugares de América Latina, aunque no existen evidencias concretas. En parte, esta práctica tenía su lógica. En los grupos de hombres y mujeres que no tenían casas fijas ni se dedicaban a la agricultura y se desplazaban de lugar en lugar, un bebé con una discapacidad que imposibilitaba su capacidad para caminar, era visto como un estorbo para cuando el próximo bebé naciera, pues tendrían que cargar a este y también al niño con discapacidad. Por ello, los bebés con discapacidad tenían poca posibilidad de sobrevivir. Los antropólogos piensen que se creía que estos bebés no tenían alma, razón por la cual no era tabú matarlos.

Con el desarrollo de las sociedades agrícolas, los grupos humanos consiguieron estabilidad, construyeron casas y pueblos, entraron en contacto con otros grupos y desarrollaron un comercio. En este nuevo contexto, ya no mataban a estos bebés como antes. Muchas personas con discapacidad fueron integrándose a las comunidades agrícolas, trabajaban con animales o en cosechas o en artesanía, dependiendo de su discapacidad. La inclusión social de estas personas en comunidades rurales era más fácil en la medida en que no dependían tanto de sus habilidades para la movilización o la casería. Muchos trabajos eran rutinarios y el estilo de vida era lento y sin complicaciones.

La discapacidad en la antigüedad

Los investigadores han encontrado evidencias de que en la antigüedad la idea acerca de las personas con discapacidad respondía a los sistemas de creencias espirituales. Por ejemplo, los egipcios (desde 2500 años a. C.), cuya sociedad estaba controlada por una clase de sacerdotes, consideraban que las personas con discapacidad nacían como resultado de la influencia de espíritus malignos.

Durante la civilización de los babilonios (1700 a 1560 a. C.), la persona con discapacidad era considerada como producto de un castigo de los dioses o de una posesión demoníaca. Practicaron el arte de la adivinación observando los neonatos. Si un bebé nacía con discapacidad evidente (aunque pequeña, como un dedo más en cada pie), era señal de que el mundo sufriría algún desastre. Entonces empezaron a relacionar la discapacidad con algún mal.

Los griegos rendían culto al cuerpo humano perfecto y, no obstante su fama de haber buscado una sociedad civilizada con derechos para sus miembros y dignidad para el individuo, practicaban el infanticidio sin ningún tipo de censura. Los derechos de su civilización eran limitados a los varones y la cultura de perfección física y mental no permitió la discapacidad. Los romanos adoptaron muchos aspectos de la cultura griega, incluso su actitud frente a la discapacidad y exhibían en sus espectáculos a las personas con discapacidad, poniéndolas como objeto de burla. Se dice que en Esparta, la ciudad griega, los bebés con discapacidad eran expuestos a la intemperie y, si lograban sobrevivir, eran aceptados. En la India también hubo prácticas semejantes, como la de arrojar al río a los bebés con defectos físicos.

Parece que algo similar sucedió en todas partes del mundo. Sin embargo, en este contexto sociohistórico de infanticidio, crueldad y discriminación, encontramos en la Biblia prácticas totalmente diferentes.

Es importante ver que en el Antiguo Testamento la persona con discapacidad formaba parte de la sociedad. Hubo ciertas prohibiciones contra malas prácticas hacia ellas y algunos ejemplos importantes de cómo Dios escogió una persona con discapacidad para hacer su voluntad. En el Nuevo Testamento se ve un cambio de paradigma, cuando Jesús empezó a romper barreras en la cultura judía y defendió a las personas extranjeras, las viudas, los niños y las niñas, y las personas pobres o con algún tipo de discapacidad. En los próximos capítulos, veremos mucho más de la óptica de Dios acerca de la persona con discapacidad.

Por otro lado, en contraste, existieron algunas culturas que vieron en la discapacidad algo místico o mágico. En ciertos lugares de África y México, por ejemplo, hay comunidades que todavía mantienen estas creencias y reverencian a las personas con discapacidad. Especialmente a las que tienen discapacidad cognitiva, creyendo que sus intentos de hablar son una forma de comunicarse directamente con los dioses.

La iglesia como agente de cambio y de amparo

Iglesia primitiva

En la iglesia primitiva, podemos ver cómo la nueva comunidad de cristianos empezó a enseñar la importancia del servicio, mostrando compasión y amor hacia las personas marginadas de la sociedad. Era una expresión de su devoción a Cristo y poco a poco la persona con discapacidad volvió a ser un símbolo de Cristo. Los creyentes ensuciaron sus manos cuidando a personas enfermas o con discapacidad (y no había diferenciación en aquel entonces), en nombre de Cristo, como un privilegio. En todo esto, se veía una transformación en la actitud; por consiguiente, la discapacidad ya no era considerada como castigo de Dios, sino como una oportunidad para demostrar la "santidad" del creyente. Aunque no era siempre tan radical, en lo general, y comparado con otras culturas de la misma época, representó un cambio muy positivo.

Formación de hospitales

Los cristianos empezaron a dar refugio a las personas con discapacidad. Con la fundación de las órdenes religiosas, creció también el número de hospitales como parte de sus grandes monasterios. Los más marginados, quizás personas con lepra y con discapacidades severas, encontraron atención básica y consuelo espiritual.

Los historiadores también nos cuentan que durante la Edad Media, se aprovecharon de las personas débiles o con discapacidad para hacerlas trabajar en las cortes reales de Europa como bufones. Sin embargo, no todas tenían la misma historia; su destino dependía de factores como su familia, si vivía en el campo o en una ciudad, y del tipo y grado de discapacidad.

Disolución de monasterios y hospitales

Con la Reforma en Europa muchos de los monasterios fueron destruidos y las personas que pasaban sus días enclaustradas, tanto los monjes como las monjas y los habitantes de los hospitales, tuvieron que salir al mundo y buscar otros refugios. Pasaron tiempos muy difíciles en vista de que muchos no tenían familia y no había otros lugares de refugio. Poco a poco, varios filántropos, viendo la necesidad, empezaron a fundar hogares dedicados a personas desamparadas.

La Revolución Industrial y las instituciones grandes

Con la Revolución Industrial, todo cambió en Europa y hubo una migración hacia las grandes ciudades. En vez de vivir en pequeñas comunidades trabajando en el campo, con animales o con la siembra, familias enteras se mudaron a las ciudades para buscar trabajo y nuevas oportunidades de educación o atención médica. Entonces, muchas familias se dieron cuenta de que era más fácil acomodar a sus hijos o hijas con discapacidad en una sociedad rural y sencilla, que en la complejidad de los grandes centros industriales. Las fábricas eran lugares peligrosos para cualquier persona que no pudiera moverse bien o que tenía una limitación visual o de oído. Por tanto, las personas con discapacidad, en su mayoría, se encontraron excluidas del trabajo. Esta situación generó la necesidad de lugares para las personas pobres que no podían trabajar ni quedarse solas cuando los demás salían a sus centros de trabajo. Se tuvo que buscar más espacios en los pocos refugios para personas con discapacidad.

Estos lugares se convirtieron en grandes instituciones que normalmente quedaban lejos de las zonas de residencia, lo cual fue promoviendo la exclusión más que la inclusión. Se dice que las razones fueron buenas porque se pensó en la salud de sus internos y en los beneficios de vivir en el campo, con aire fresco y con la naturaleza. Sin embargo, a pesar de la buena motivación, el resultado fue dañino para las personas con discapacidad porque pusieron distancia entre ellas y sus familias y la comunidad en general. Con la distancia y la exclusión social, crecieron la discriminación y el temor, lo cual ocurre hasta hoy en muchos lugares. La marginación de personas con discapacidad es todavía muy evidente en América Latina y muchas otras partes del mundo.

La exclusión y la falta de integración de las personas con discapacidad en nuestras comunidades, ocasiona, con frecuencia, incomprensión, una cultura de discriminación, y un crecimiento del poder de los mitos y los miedos basados en la ignorancia. Además, las instituciones grandes, estatales o privadas, son lugares idóneos para quienes pretenden aprovecharse de sus clientes y abusan de los que no pueden defenderse.

En América Latina, hemos repetido los errores de los europeos, pues, tratando de ser más "modernos", hemos dejado atrás "viejos" modelos de inclusión de las culturas rurales. Así, abrazando las "novedades" de las instituciones grandes, complejas, costosas e impersonales, la dimensión humana queda ausente. Y con la ausencia de lo humano, se ve a personas viviendo como animales, olvidadas, marginadas y sin esperanza.

Nuevos modelos

Felizmente, en muchas partes del mundo estas instituciones ya están cerrando sus puertas y los directores de los programas sociales van dándose cuenta de que un estilo de hogar pequeño y mucho más "familiar" mejora la calidad de vida de las personas con discapacidad. No obstante, hay cierta resistencia hacia este nuevo estilo, especialmente en los barrios de clase media o alta, donde algunos argumentan que estos hogares no deben ubicarse ahí porque afectan su estilo de vida y el valor de sus casas. Sin embargo, así se elimina el miedo, que es la barrera más difícil de romper.

Derechos humanos

En los años 80 del siglo xx, nació un nuevo movimiento social impulsado por un grupo de personas con discapacidad. Su lema, "Nada de nosotros sin nosotros", es lo que debe guiarnos y motivarnos a la acción. Esta es la razón de que este libro haya sido escrito en consulta con diferentes personas con discapacidad y sus familias. Sin escuchar sus voces, no tenemos autoridad para opinar sobre sus vidas.

A raíz de este movimiento, empezaron a cambiar muchas prácticas y políticas acerca de esta población. Ahora contamos con una convención internacional sobre los derechos humanos de personas con discapacidad. La convención entró en vigor el 3 de mayo de 2008 y casi todos los países latinoamericanos la han firmado y ratificado. Su propósito es asegurar el goce pleno y en condición de igualdad de todos los derechos humanos de todas las personas con discapacidad. Como todo cambio, el proceso no ha sido muy rápido, pues, aunque la mayoría de los países de América Latina han firmado esta convención y además tienen leyes nacionales para apoyar el proceso, su puesta en práctica ha sido decepcionante para muchos[4].

Modelos de discapacidad

Finalmente, debemos investigar nuestros conceptos alrededor de la discapacidad, los cuales responden a "modelos" o "paradigmas", que son maneras de entender los conceptos y sirven como lentes a través de los cuales podemos ver el mundo de la discapacidad. Hay diferentes modelos de discapacidad:

Modelo tradicional

En la antigüedad, no había investigaciones científicas para explicar las varias discapacidades, por lo cual era normal inventar razones, casi como mitos. Este paradigma tradicional se basó en la poca información y su efecto fue muy negativo en la población de personas con discapacidad. Se relacionó discapacidad con pecado o con castigo de los dioses o de Dios. En este paradigma, no hay lugar para la diversidad ni para una estimación positiva de estas personas. Son calificadas y estigmatizadas como "víctimas" o, incluso, como "culpables" de su discapacidad. Resultó en discriminación o en lástima.

Desgraciadamente, en algunas iglesias hoy se escuchan nuevas "versiones" de este paradigma. En el próximo capítulo analizaremos este modelo para entender por qué es nocivo e inadecuado. Tal vez existe por falta de educación, y no por malicia, por lo cual es

---

4   Para ver un mapa de los países que han firmado y ratificado la convención, ingrese a <www.un.org/disabilities/documents/maps/enablemap.jpg>

tiempo de reclamar a las instituciones de educación teológica y de preparación pastoral, que incluyan el tema de la discapacidad en sus programas de estudios básicos. Si los pastores y líderes de iglesias recibieran mejor formación acerca de la discapacidad, se podría evitar la tristeza y el daño que el modelo tradicional puede producir en las personas.

El modelo médico

Cuando las investigaciones científicas empezaron a descubrir las funciones del cuerpo humano y también sus desperfectos, las viejas creencias cambiaron. Así, en vez de ver la discapacidad en relación estrictamente con lo espiritual, se dieron cuenta de que tenía que ver con el estado de salud del individuo y, posiblemente, de sus padres. Las personas que estudiaron medicina, obviamente tenían mucho más información científica del tema que las mismas personas con discapacidad o sus familias. La gran mayoría de personas con discapacidad no sabían por qué habían nacido así. La información sobre diferentes condiciones y estudios genéticos estuvieron muy lejos de su alcance. Años atrás, era normal tener mucho respeto por cualquier persona con estudios universitarios, y los profesionales de salud podían ordenar sin dar razones ni explicaciones, por lo cual, en algunas ocasiones, aprovecharon de sus conocimientos para tener cierto poder sobre sus pacientes. Estos tenían que obedecer a los médicos, quienes les ofrecían muy pocas oportunidades para conversar o pedir explicaciones en un lenguaje comprensible. En este modelo, la persona con discapacidad es vista como paciente, y el profesional como experto, quien ve un "cuerpo que no es normal".

En este enfoque, la discapacidad se entiende sólo como una deficiencia del cuerpo. Lo importante es el diagnóstico médico, el tratamiento de la condición y cierto control de la persona con discapacidad. Así, ésta tiene que vivir como le dice el médico, comer lo que le indica, recibir terapias y seguir el horario con diferentes actividades de acuerdo con la opinión médica. Como el médico siempre busca la curación, la persona con discapacidad necesita ser rehabilitada y, si es posible, curada, por lo menos parcialmente.

Pero, la aceptación de la persona tal como es, con sus limitaciones, no es una opción para el mundo médico.

El modelo social

Según este, el problema se encuentra en la sociedad, la cual tiende a discapacitar a las personas por falta de igualdad de oportunidad y accesibilidad a lo más básico. En vez de buscar remedios individualmente, lo principal es defender los derechos humanos de todos. El control debe estar en manos de las personas con discapacidad, quienes cada vez más están organizándose con mayor fuerza en campañas por los cambios sociales. Producto de este modelo, son las leyes y convenciones en favor de las personas con discapacidad.

Diferencias entre los modelos

El modelo tradicional no tiene muchos factores en su favor. Generalmente, lastima a las personas con discapacidad y genera una cultura de discriminación. Si se entiende que alguien está condenado a vivir a medias, bajo la censura de Dios, se piensa que el deber cristiano es darle limosna. Pero esta práctica no ayuda en el largo plazo y sólo crea un ambiente de paternalismo.

Los modelos más modernos, el médico y el social, tienen algo de verdad, pero, para muchos, el problema es que se los opone, como si fueran dos extremos. Como explica Roy McCloughry (ver diagrama siguiente), en el paradigma médico, el énfasis se pone en la normalización de la persona para que pueda ser incluida, mientras que en el social, se incide en la inclusión en un contexto de diversidad. Asimismo, en el paradigma médico, la persona se ve muy pasiva, pues deja que los profesionales arreglen todo; en cambio, el paradigma social promueve que la misma persona sea responsable de su propia vida. Este cambio, de una posición controlada a una de autocontrol, es lo que recogen muchas políticas hoy. Las leyes nacionales, los reglamentos internacionales y la nueva Convención por los Derechos Humanos de las Personas con Discapacidad, obedecen al paradigma social.

Diferencias entre dos modelos de discapacidad

Modelo médico	Modelo social
Normalidad	Diversidad
La persona como paciente	La persona como ciudadana
El profesional como experto	La persona con discapacidad como experto
Deficiencia del cuerpo	Sociedad que discapacita
Diagnóstico médico	Experiencia personal
Tratamiento de la condición	Derechos de la persona
Control de personas sin discapacidad	Control de personas con discapacidad
Rehabilitación	Hacer campaña para cambios sociales

Aunque reconocemos que ha aportado bastante, en la mayoría de los casos el nuevo modelo social no explica todo. Pone mucho más peso en el efecto y la responsabilidad social, y poco en la experiencia de limitación o, incluso, sufrimiento de la persona. Hay situaciones en las que, debido a los cambios en la sociedad, la persona con discapacidad no se ve tan discriminada y excluida; pero, en otras situaciones, sigue igual. Un caso típico es el de la persona con discapacidad cognitiva, pues, aun cuando tratemos de eliminar todo tipo de obstáculo para que participe, es muy poca la posibilidad de que pueda vivir independientemente o estudiar en la universidad y obtener un buen salario. Este grupo de personas son marginadas incluso por las demás personas con discapacidad. Muchas veces son despreciadas porque no pueden alzar sus voces o aportar algo en una discusión política. Por ello, creo que se debe ver la realidad de cada caso particular. Es un hecho que algunas personas vivirán con un dolor crónico y ningún cambio en la sociedad podrá aliviar esa situación.

Por este motivo, necesitamos otro modelo. Propongo un modelo basado en principios bíblicos que veremos en los siguientes capítulos. Es un paso más, pero uno muy importante; sin este, nunca realizaremos juntos la caminata.

Ejercicio de reflexión

La iglesia está en la obligación de obedecer las leyes e implementarlas; no obstante, he escuchado a muchos miembros de las iglesias resistirse a esto. Olvidan que estas leyes son también leyes de Dios, porque él apoya a la persona con discapacidad.

- ¿Si la ley ampara a la persona con discapacidad, es suficiente realizar los cambios requeridos simplemente porque ella nos obliga? ¿O se debe actuar en ese sentido principalmente por obedecer a Dios y por amor a él?
- ¿Sabe si su país es signatario de la Convención de Derechos Humanos para Personas con Discapacidad? ¿Cuáles son las leyes nacionales que apoyan a las personas con discapacidad?
- ¿En su barrio o ciudad existen instituciones para personas con discapacidad? Organice una visita para ver cómo viven. Quizás se pueda ofrecer como voluntario; muchos lugares necesitan ayuda.

Capítulo 4

Dos personas llevan sobre sus hombros en una plataforma de madera
a una persona en silla de ruedas.

Barreras en el camino

Trabajemos para limpiar nuestra ruta

Caminar junto a otras personas es más fácil si el camino es ancho y sin barreras. Podemos conversar con más facilidad y avanzar mucho más rápido si no tenemos que parar cada vez para mover un obstáculo o buscar una vía alterna. En Costa Rica, donde vivo, ocurren muchos derrumbes, especialmente durante la época lluviosa. Son sumamente peligrosos y causan muertes y daños. Si toneladas de lodo o rocas enormes caen sobre una persona, es imposible que sobreviva, pero también deja imposibilitado el tránsito para los demás o genera muchas demoras y pérdidas. Se necesita maquinaria e ingenieros experimentados para limpiar la carretera. Si quitar los obstáculos en el camino es difícil, es más duro aún eliminar las barreras para la inclusión de personas con discapacidad. Debemos trabajar juntos para que en la iglesia podamos remover las barreras en el camino.

La verdad y la luz de Dios para vencer las barreras

Una de las cosas más tristes en nuestra experiencia en la iglesia son las barreras innecesarias, como las falsas ideas que pueden impedir que la gente camine en la dirección correcta sin desviarse. Como comentamos en el capítulo 3, nuestro Dios es un Dios de verdad, y nos dio su palabra para guiarnos en la verdad. Además, sabemos que Dios es luz, algo muy relacionado con la verdad: "Este es el mensaje que hemos oído de él y que les anunciamos: Dios es luz y en él no hay ninguna oscuridad" (1Jn 1.5).

Así, estos conceptos de luz, verdad y de ausencia de oscuridad nos ayudan a entender dónde buscar para quitar las barreras. Buscaremos a Jesús para que nos aclare nuestras dudas.

Los mitos como barreras

Veremos enseguida las barreras en nuestro camino. Ellos son los mitos o falsas ideas que hacen nuestro trabajo difícil. Si no se eliminan, tendrán una influencia negativa. Traen resistencia a los cambios y menos colaboración. Necesitamos la verdad para enfrentar los mitos. Para ello, podemos confiar plenamente en Jesucristo y en su verdad. Es sólo su verdad la que tiene el poder de cambiar mentes y corazones.

Algunos piensan que los mitos son nada más que cuentos y no tienen importancia. El mensaje de los mitos no es verdad. En cambio, Jesús contó muchas historias a la gente para enseñar verdades (del hijo pródigo, del buen samaritano, del sembrador, de la perla de gran precio y muchas más). Estas parábolas siempre comunicaban una verdad en forma sencilla para que quienes las escucharan pudieran aprenderlas fácilmente y aplicarlas. Él habló de verdades, aun en forma de cuento o parábola. Sus cuentos no eran como los mitos.

¿Qué son los mitos?

El mito expresa ideas o cosas que no tienen realidad concreta. Normalmente, son creencias que pretenden explicar algo en la vida que parece no tener otra explicación. Las antiguas culturas tenían muchos mitos porque todavía no existían explicaciones racionales o científicas para algunos fenómenos. Y por esta razón pueden ser peligrosos, ya que podemos seguir creyéndoles cuando en realidad no tienen base alguna, aunque a veces contienen un granito de verdad; por lo menos una conexión.

Algunos mitos alrededor de la discapacidad

- ► El síndrome Down es contagioso.
- ► Dios envía a un bebé con discapacidad a algunas mamás porque son tan buenas que merecen un premio especial y él tiene confianza en ellas para lidiar con un bebé "especial".
- ► Ser padre de una persona con discapacidad es cargar una cruz.
- ► Los bebés sólo nacen con discapacidad cuando hay incesto.
- ► Las hadas cambian bebés y dejan uno con discapacidad en lugar del verdadero (*changeling*, en inglés).

Los mitos son parte de nuestra cosmovisión. Crecimos en un contexto histórico geográfico, en una familia y en un vecindario, los cuales se insertan en una sociedad más general y en nuestra cultura nacional. Todas estas influencias sirvieron para moldear nuestros pensamientos y nuestra manera de entender el mundo. Esta "cosmovisión" comprende también todo lo que se ve de la creación y lo que entendemos del pasado y del futuro. Este es el contexto en que podemos evaluar cualquier acontecimiento para darlo por verdadero o falso. El problema es que nunca podemos verlo todo, es decir, a toda la creación, de la cual somos parte. Entender los aspectos más profundos siempre será difícil porque nos falta información y una visión más completa.

El mito que dice que la discapacidad es contagiosa, ¿de dónde procede?, ¿tiene algo de verdad? Sabemos que no es verdad, pues la discapacidad no es como una enfermedad que puede ser contagiada, sino una condición congénita o adquirida. Pero algunas enfermedades contagiosas como la poliomielitis pueden dejar a la persona discapacitada. Entonces, hay una razón para la confusión.

Hay mitos que son más peligrosos en el contexto de la iglesia y nuestra fe. Veremos cuatro de los más comunes que obstaculizan la labor pastoral con la persona con discapacidad:

1. El mito del castigo divino.

Este mito es tan común en todo el mundo que pensamos que debe tener un trasfondo verdadero. Se escucha no solamente en América Latina, sino también en la India, así como en diferentes países de Asia, África y Europa. Este mito universal es poderoso y, hasta hoy, tiene influencia en muchas comunidades a pesar de nuestros conocimientos científicos. Este mito echa la culpa a la persona con discapacidad diciendo que es un castigo de Dios por haber cometido algún pecado ella o sus padres.

Felizmente tenemos un testimonio muy fuerte en contra de este mito, y corresponde a nuestro Señor Jesucristo. Se encuentra en Juan 9, especialmente en los versículos 1–3: "A su paso, Jesús vio un hombre que era ciego de nacimiento. Y sus discípulos le preguntaron: Rabí, para que este hombre haya nacido ciego, ¿quién pecó, él o sus padres? Ni él pecó, ni sus padres —respondió Jesús— sino que esto sucedió para que la obra de Dios se hiciera evidente en su vida".

Después, en el versículo 5, Jesús se identificó como la luz del mundo, dando importancia a sus palabras. Su luz aclara la verdad y niega la conexión entre discapacidad y pecado. Podemos confiar en su palabra, que ilumina lo oscuro para nosotros.

Vale la pena mencionar que este es un mito sin sentido. Todos conocemos personas cuyos hijos nacen sin discapacidades aun cuando viven en pecado muy grave y hacen con impunidad lo que la Biblia nos enseña que es contra la ley de Dios. Además, si miramos honestamente nuestras propias vidas, ¿quién de nosotros puede decir que nunca ha pecado? Y aun así nuestros hijos no tienen discapacidades. Asimismo, todos conocemos a personas muy lindas y honorables que, sin embargo, tienen uno o más hijos con discapacidad. En este asunto, la ciencia puede darnos luces, por ejemplo, cuando nos dice que unos genes son los causantes de las deficiencias. No obstante, a pesar de esto, algunos todavía quieren culpar a los padres. Esto es una crueldad terrible y no tiene lógica. Pienso que la iglesia debe declarar en contra de este mito, como Jesús lo hizo en el citado pasaje bíblico líneas arriba.

Conozco a familias que han sufrido mucho por este mito. Son creyentes que han sido señalados como pecadores en iglesias donde los pastores no han entendido bien las causas de la discapacidad. Dice una madre: "Cuando los hermanos se dieron cuenta de la discapacidad de nuestro hijo, empezaron a propalar rumores, y el pastor nunca nos apoyó abiertamente. Entonces decidimos dejar de congregarnos: por las dificultades, el dolor emocional, y por vergüenza y confusión en el alma".

Otro caso es el de una familia de creyentes que escondía a su hijo con discapacidad por temor y vergüenza. Incluso sus amigos que visitaban la casa no se daban cuenta de él, hasta que cierta vez invitó a su casa a un pastor de una iglesia a la cual querían asistir. Cuando él llegó, ellos le presentaron al hijo y pidieron sus oraciones. El pastor les dijo: "Claro, con mucho gusto, voy a orar aquí por su hijo, pero no se les ocurra llevarlo a la iglesia porque va a asustar e incomodar en mi congregación".

El fruto de este mito tiene un sabor muy amargo: separa a los creyentes de la iglesia y, aún peor, margina a los que todavía no conocen a Jesús. De esta manera, se aparta a las personas con discapacidad del Señor y su salvación.

Alguien puede preguntar qué pasa cuando los padres son drogadictos o alcohólicos. Es verdad que algunas conductas pueden ocasionar que el bebé nazca con discapacidad, pero ésta es una consecuencia natural; no tiene que ver con ningún castigo, aunque es muy triste.

2. El mito de la falta de fe
y de la responsabilidad personal.

Este poderoso segundo mito expresa la idea de que una persona con discapacidad se encuentra en esta condición debido a su falta de fe o la de su familia. Los padres de un niño con autismo comentaron que "en algunas iglesias querían orar por su sanidad e incluso para echar los demonios de él", y esto a ellos, como padres, los ponía en una situación muy incómoda. Cuando alguien tiene una discapacidad, es muy natural buscar la ayuda de Dios y, en la congregación, pedir sanidad. Vamos a regresar a este tema en el capítulo 6. Por ahora es importante señalar que uno de los mitos más peligrosos es el que dice que la persona con discapacidad, o su familia, que oran por sanidad y no la reciben, son culpables por su falta de fe.

Todos conocemos muy bien el caso del apóstol Pablo, uno de los grandes héroes de la fe en el Nuevo Testamento. Si leemos las epístolas de Pablo —el más importante líder en la iglesia primitiva, rescatado de su pasado de perjuicios y que después luchó por la inclusión de los gentiles en la iglesia—, encontramos que tuvo un problema (2Co 12, especialmente 7–10). Él habló de una "espina". Muchos, como el doctor Pablo Martínez[5] dicen que la "espina", en el apóstol Pablo, era una discapacidad de su vista, quizás como consecuencia de su encuentro con Jesús en el camino. Como no tenemos pruebas, también puede ser posible que haya sido una enfermedad, una debilidad diferente, quizás migraña o epilepsia o, simplemente, un problema estomacal. Lo importante es que Pablo oró tres veces para que Dios le quitara la "espina", pero él, en su soberanía, nunca lo hizo. Es tan importante leer estos versículos para darnos cuenta de que Pablo nunca obtuvo la sanidad que reclamó de su Señor, a pesar de que era un hombre de fe, un gran héroe de fe que enfrentaba, sin flaquear, peligros, cárcel,

---

5 Pablo Martínez Vila, *El aguijón en la carne*, Barcelona: Publicaciones Andamio, 2008.

y la oposición de los líderes judíos y romanos. Si es así, ¿cómo podemos decir que la persona que no experimenta la sanidad que pide, es culpable por su falta de fe? Es muy fácil para nosotros decir esto y dejar, cuando más necesita nuestro apoyo, el peso del "fracaso" sobre los hombros de esa persona. No debemos juzgarla, ni a ella ni a su familia.

En el próximo capítulo veremos un pasaje en Lucas 14 que habla de cómo Dios invita a las personas con discapacidad a entrar en su reino sin necesidad de ser sanadas. Pablo, un hombre de fe, nunca recibió la sanidad que buscaba. Esto debe darnos confianza para decir que este mito no tiene validez, que es sólo un mito. No obstante, no queremos decir que la fe no es fundamental en nuestra vida cristiana. Todos necesitamos crecer en nuestra fe. Es necesario señalar que la persona con discapacidad también necesita ejercer su fe para seguir adelante a pesar de sus dificultades, pero este crecimiento espiritual es más fácil cuando nos sentimos aceptados y amados.

Es importante que las personas con discapacidad sean incluidas en la iglesia aun cuando no hayan sido sanadas. Esperar que sanen para que congreguen es una de las principales razones por las que estas personas, o sus familias, no sigan en la iglesia. Al principio, la persona con discapacidad, o sus familiares que quieren ayudarla, siempre buscan la oportunidad de recibir oración y sanidad. Luego, si la persona discapacitada no se ha sanado, es muy difícil que continúen asistiendo a una iglesia cuando son culpabilizados. Debido a que la culpa y la responsabilidad son demasiado pesadas, las familias buscan otra iglesia o dejan de congregarse. Debemos orar por cada persona, especialmente por los que sufren. Pidamos a Dios un milagro, en el entendido de que él es soberano y su gracia es suficiente, como en el caso de Pablo: "Te basta con mi gracia, pues mi poder se perfecciona en la debilidad" (2Co 12.9). Pablo aceptó la voluntad de Dios. En el capítulo 6 retomaremos este tema y veremos cómo debemos orar. La Biblia nos enseña cómo orar sin herir a las personas, con fe y esperanza.

3. El mito de la conexión entre discapacidad y actividad demoníaca.

En algunas iglesias se habla mucho de los demonios y sus actividades. Es verdad que existen algunos relatos de Jesús donde habla de ellos, pero también es cierto que se refirió mucho más al reino de Dios, a nuestras vidas y al futuro. Siempre tomó iniciativas en favor de las personas pobres, enfermas o con discapacidad, de las viudas, los niños y las niñas, los huérfanos y los extranjeros. Tuvo compasión por los marginados y olvidados, por los que no tuvieron poder ni riqueza, y enfrentó a los líderes religiosos de su tiempo.

Sabemos que luchó contra los poderes de Satanás y los demonios, pero nunca dijo que todas las discapacidades eran fruto de los demonios. Es interesante leer en Mateo 4.23–25, por ejemplo, una lista de las personas ayudadas y sanadas por Jesús: "Le llevaban todos los que padecían de diversas enfermedades, los que sufrían de dolores graves, los endemoniados, los epilépticos y los paralíticos, y él los sanaba". Como se ve, había una distinción de los diferentes problemas de las personas. Problemas como la epilepsia o parálisis eran separados de los endemoniados. No tenemos derecho a juzgar si alguien con alguna discapacidad tiene también un demonio, pero esto no se relaciona con la discapacidad.

Podemos afectar mucho acusando a las personas con discapacidad de ser endemoniadas. Un hombre invidente, Josué, me contó esta historia: "Una vez en mi iglesia hicieron una lista de todas las cosas demoníacas, y entre ellas se encontraba la ceguera. Me fui de la iglesia, yo leo mi Biblia todos los días pero no quiero ir a ninguna iglesia".

C. S. Lewis, un reconocido cristiano inglés que escribió muchos libros, pensaba que Satanás puede ser más sutil. Él escribió una novela, *Cartas del diablo a su sobrino*[6], acerca de unos demonios que luchan por el alma de un hombre. Sus armas fueron diferentes de lo

---

6 C. S. Lewis, *Cartas del diablo a su sobrino*, Madrid: Rialp, 2003.

que imaginamos y, por ende, más peligrosas. Usaban todo tipo de artimañas, pero todo era lo menos obvio de lo que podemos pensar. Encontramos a los demonios incitando a cometer pecados como el orgullo, la glotonería y el amor por el poder. Finalmente, vemos cómo estos demonios pueden ser vencidos, no por nuestro poder, sino por la gracia de Dios.

Sin duda, Satanás tiene siempre la intención de usar nuestras debilidades, pero podemos confiar en Dios y su protección. Él es poderoso y ha vencido todo tipo de maldad; no debemos tener temor. La discapacidad tampoco nos hace más vulnerables al demonio, sino que nos da oportunidad para mostrar el poder de Dios en nuestra debilidad.

4. El mito de la persona con discapacidad como ángel.

Una vez, de visita en una familia en su humilde casa, escuché estas palabras: "María Teresa es un ángel, nunca se queja y mira a su mamá, ¡la adora!". La mamá tenía ojeras muy negras, testimonio de sus desvelos durante muchas noches. Tenía a su hija, pequeña y frágil en su regazo, y le hablaba con ternura. Esta escena es bastante común, especialmente cuando se trata de una niña pequeña que no puede moverse y parece a una muñeca. Pero lo mismo ocurre con niños más activos o con los adultos. La frase "es un ángel" la hemos entendido siempre como una expresión de cariño y amor profundo.

Cuando sólo se trata de una expresión muy común y bien entendida, es de lo más natural, pues los niños pequeños y vulnerables nos parecen adorables. También decimos que son un "santo", una "princesa" o una "muñeca", pero sabemos que de verdad son seres humanos. El problema surge cuando nos olvidamos de nuestra responsabilidad y del estado espiritual de los afectados. Así, de forma inconsciente, les quitamos su identidad de personas, pues en lugar de verlos como seres humanos, ponemos en su lugar un ángel. Los ángeles no son como nosotros, no necesitan ser salvados y no tienen la misma relación con Dios. Cuando vemos en una persona con discapacidad un ángel, lo que decimos, en la práctica, es que no necesitamos presentarle las buenas nuevas y ver su respuesta. Como es un ángel, no necesita salvación como todo los demás seres humanos.

Somos seres humanos, no somos ángeles. Todos debemos arrepentirnos de nuestros pecados y buscar a Cristo y su salvación. Nuestra salvación no depende de nosotros, no hay nada que podamos hacer, somos salvados por la gracia de Dios, quien entregó al mundo a su Hijo Jesucristo, que murió en la cruz. La sangre de Jesucristo nos salva y este regalo llega a nosotros cuando reconocemos nuestra situación y estado pecaminoso. Él nos limpia de todo pecado y después tenemos acceso a Dios.

Algunos opinan que las personas con discapacidad no pueden entender ni tomar decisiones. Como ya sabemos, no todas las personas con discapacidad son iguales, muchas son altamente inteligentes, otras son capaces de entender y tomar decisiones, y otras tienen discapacidades que afectan severamente su cognición o facilidad de comunicación. Sin embargo, no debemos decidir quiénes pueden o no pueden entender las buenas nuevas. Nuestra responsabilidad es hablar de las buenas nuevas con todo el mundo e invitar a todos para que vengan a Cristo. El Espíritu Santo se encarga de mover los corazones de las personas y de convencerlas de su necesidad de Cristo. Es él, y no nosotros, quien actúa misteriosamente para salvar a las personas. Somos nada más que sus siervos que ofrecen el regalo de Dios, el cual es para todo el mundo. No debemos tomar decisiones acerca de los que pueden o no pueden ser salvados. Tampoco debemos tomar por dada la salvación de una persona, ya que es algo que solamente Dios puede saber. Somos los siervos de Dios y debemos ser fieles; confiemos en el Señor, nuestro Dios de amor y justicia.

Esta es una de las cosas que no podemos medir ni explicar, pero Dios es capaz de comunicarse con todos a través de su Espíritu. El mensaje de la cruz es locura para algunos y salvación para otros (1Co 1.18–31). Dios muestra su voluntad, que muchas veces es "contracultura", como podemos ver en el verso 28:

"También escogió Dios lo más bajo y despreciado, y lo que no es nada, para anular lo que es, a fin de que en su presencia nadie pueda jactarse".

La madre de un joven con discapacidad cognitiva me dijo: "Fue terrible cuando me dijeron que Pedro no servía para nada". Ella luchó contra estas palabras tan negativas y sufrió un dolor profundo en el corazón porque para ella su hijo sirve como hijo amado que es, y también lo siente como el "motor de la casa". ¿Cómo podemos clasificar a alguien como si fuera basura? La verdad es que no sabemos del corazón de las personas, es Dios quien escoge aunque la persona sea "lo más bajo y despreciado".

Tal vez este último mito sea el más peligroso, porque parece ser tan benigno y hermoso. Pero no solamente es un autoengaño, sino que estamos optando por algo barato y fácil. Aunque nos parezca difícil trabajar con personas con discapacidad cognitiva, es parte de la responsabilidad que tenemos de dar las buenas nuevas a toda criatura. Veremos en el capítulo 8 algunas estrategias que pueden ayudarnos a adaptar los programas de la iglesia para todos. En fin, el esfuerzo para compartir las buenas nuevas es una muestra de nuestra seriedad y compasión hacia toda la humanidad: los pequeños y los grandes, los inteligentes y los que tienen discapacidad cognitiva.

Verdades en vez de mitos

Estos cuatro mitos son peligrosos; no debemos tolerarlos en la iglesia, sino enseñar una actitud pastoral diferente, de compasión y amor. No necesitamos estos mitos para explicar la discapacidad. Si para Jesucristo no fueron reales, ¿por qué aferrarnos a ellos? Jesús siempre mostró compasión y ayudó a cada persona con su poder divino. En el próximo capítulo, veremos la respuesta de Dios en su palabra y su amor a las personas con discapacidad. Quizás lo milagroso para nosotros sea un cambio radical en nuestras actitudes y una disposición solidaria, cueste lo que cueste.

Muchas veces las barreras las ponemos nosotros mismos; limpiando el camino, poco a poco tendremos mayor acceso.

Para reflexionar

▶ ¿Cuáles son los mitos que ha escuchado en su comunidad? Pregunte a las familias de personas con discapacidad en su congregación si tuvieron experiencias amargas a raíz de algún mito.

▶ Si es usted pastor, ¿qué puede hacer para controlar rumores de esta clase en su iglesia?

▶ ¿Cómo puede formar a su congregación o ministerio para que actúen con la verdad en vez de guiados por los mitos?

Capítulo 5

Una persona que utiliza dos muletas para caminar
no puede ingresar a un templo porque las gradas se lo impiden.

¿Adónde vamos?

Introducción a una teología de la discapacidad. Andando en la verdad

Sin destino, nuestra caminata no tiene un fin muy específico. Con el objetivo de hacer una caminata de aventura hacia la ciudad celestial acompañando a personas con discapacidad, tiene sentido e importancia saber el destino. Es un viaje de vida, pero debemos estudiar el mapa para saber a dónde vamos y cuál es el camino correcto. La segunda carta de Juan, en el versículo 4, habla de que algunos están "andando en la verdad". Nuestra caminata tiene que ser también en la verdad. La palabra de Dios es "lámpara a mis pies; es una luz en mi sendero" (Sal 119. 105).

El Peregrino, nuestro héroe, tenía siempre a la vista la meta, la ciudad celestial, y estaba dispuesto a enfrentar peligros, gigantes y pruebas sólo porque sabía a dónde quería llegar. Podemos flaquear si no tenemos bien claro a dónde vamos. La meta tiene que ser algo anhelado, para poder seguirla fielmente a pesar de las privaciones que seguramente encontraremos. Mas aún, cuando uno quiere algo con todo el corazón, todo es más fácil. Los que corren en las maratones saben esto: todo dolor y esfuerzo vale, pero sólo porque así se puede lograr el objetivo. Al igual, para nosotros, aunque la velocidad no nos preocupe como a los que corren, la meta es primordial y justifica todo esfuerzo.

La meta, el reino de Dios

Vamos en camino a la misma ciudad celestial, en otras palabras, al reino de Dios. Bien sabemos que el reino de Dios ya empezó a construirse aquí y ahora. Este famoso "ya" del que muchos teólogos hablan, se ve en la Biblia: "El reino de los cielos está cerca" (Mt 10.7), "el reino de Dios ha llegado a ustedes" (Mt 12.28), "Dense cuenta de que el reino de Dios está entre ustedes" (Lc 17.20,21). La otra verdad que siempre recordamos es que este reino no se verá aún en toda su gloria hasta que lleguemos a la ciudad celestial, o sea, cuando todo se haya cumplido. Leemos en Romanos 8.18–25 para comprobar que todavía estamos esperando ese día, todavía la creación "gime a una, como si tuviera dolores de parto" (v 22).

Lo que saben nuestros hermanos con discapacidad

Para nuestros hermanos y hermanas que viven con una discapacidad, con quienes queremos caminar, no es ningún secreto que todavía no tenemos toda la plenitud del reino de Dios. Todos los días ellos viven en una realidad que no les permite olvidar que estamos esperando un futuro mejor. En algunos lugares hablan de la teología de la prosperidad, y de una vida sin dificultades que, según su doctrina, podemos tener como cristianos. No dudamos de que Dios tiene todo preparado para nosotros en su casa para cuando lleguemos, pero mientras estemos caminando, no podemos reclamar por una vida fácil. Nuestros hermanos y nuestras hermanas con discapacidad saben muy bien que el "todavía no" es parte de nuestra experiencia común en este mundo. El sufrimiento va de una escala menor a otra mayor, es parte de la discapacidad. Se experimenta la frustración de no poder hacer todo con la misma facilidad que los amigos, hasta el ser excluidos de la educación o vivir, incluso, con dolores intensos y constantes. Todos estos son algunos de los sufrimientos de la persona con discapacidad.

Nuestro mapa, la Biblia

En este capítulo queremos investigar qué dice la palabra de Dios acerca del tema de discapacidad y de las personas que tienen que vivir con esta realidad todos los días, en este mundo.

Es sorprendente que casi nadie predique sobre el tema. Se escuchan prédicas acerca de una vida victoriosa o de la sanidad; también sobre pecadores que han cambiado y acerca de personas infelices que encuentran paz. Pero no se dice nada acerca de personas con discapacidad. ¿Dónde hay esperanza para ellas?

La historia de la humanidad, desde el principio hasta el fin, es algo que sólo Dios sabe. Su palabra nos ayuda a entender, pero nos hace una advertencia, hay cosas de las que no tendremos explicación en este mundo. La Biblia nos guía, como un mapa, nos instruye y nos da consuelo, pero nunca promete contestar todas nuestras preguntas. Tenemos la verdad pero nuestra visión tiene sus limitaciones: "Ahora vemos de manera indirecta y velada, como en un espejo; pero entonces veremos cara a cara" (1Co 13. 12).

La creación

Dios creó el mundo y todo lo que está en el mundo. La Biblia es clara, no hay duda, tenemos un creador. También enfatiza que todo fue muy bien hecho y es muy evidente en la Biblia el haber sido creados individualmente por Dios: "Tú creaste mis entrañas; me formaste en el vientre de mi madre. ¡Te alabo porque soy una creación admirable! ¡Tus obras son maravillosas, y esto lo sé bien!

Mis huesos no te fueron desconocidos cuando en lo más recóndito era yo formado, cuando en lo más profundo de la tierra era yo entretejido. Tus ojos vieron mi cuerpo en gestación: todo estaba ya escrito en tu libro; todos mis días se estaban diseñado, aunque no existía uno solo de ellos" (Sal 139.13–16).

Nos habla de cómo Dios nos conoce desde nuestra concepción. Cada persona es única y buena, con potencial. No somos de fábrica, sino hechos a mano, artesanía de Dios, bellas artes. Todos tenemos nombre y hemos visto que es más importante conocer el nombre de alguien que su diagnóstico. En Jeremías 18, leemos de Dios como el alfarero y de nosotros como el barro en sus manos; él puede hacer con nosotros lo que quiera. En el versículo 6 dice: "Pueblo de Israel, ¿acaso no puedo hacer con ustedes lo mismo que hace este alfarero con el barro?, así afirma el Señor". También se nos hizo para vivir en comunidad y no aislados. Dios creó a Eva para acompañar a Adán. Somos más que animales, porque todos tenemos la identidad de ser humanos a imagen de Dios. Y con esta identidad tenemos libertad para tomar decisiones y también la dignidad de vivir con las consecuencias.

La caída

Es precisamente en el jardín donde debemos empezar nuestra investigación. Allí aparentemente Adán y Eva no tenían discapacidades. Dios habló con ellos y les dio instrucciones para que siguieran viviendo con él en aquel lugar hermoso, con tranquilidad y felicidad. Una consecuencia de la libertad que Dios dio al hombre y a la mujer fue la posibilidad de pecar. De pronto, entró el pecado y todo cambió (Gn 3.1–7). La creación buena de Dios fue distorsionada y ya nunca será igual hasta que lleguemos al fin de la historia. En un instante fatal, nuestros antepasados decidieron tomar en sus manos su futuro, en desobediencia a su creador. En vez de vivir en armonía con lo demás de la creación, empezaron a experimentar dificultades y sufrimientos. Dios tuvo que echarlos del jardín por su rebeldía y, tristemente, sus hechos tuvieron otras repercusiones más: dolor, sufrimiento, sudor y duro trabajo, vulnerabilidad y la muerte (Gn 3.16–19). Desde ese momento, las personas quedaron expuestas a accidentes, enfermedades y problemas durante el parto. La discapacidad comenzó a ser parte de la condición humana, no como castigo por algo específico, sino como un factor más entre muchos males, lo cual es evidencia de nuestra relación quebrada con nuestro creador.

En verdad, todos somos pecadores como Adán y Eva, y todos somos vulnerables a los efectos de la caída. Hay que ver la discapacidad en este contexto; es solamente una de las muchas consecuencias de vivir en un mundo afectado por la desobediencia.

Pueblo de Dios en el Antiguo Testamento

Decir que el Dios del Antiguo Testamento está en contra de las personas con discapacidad, es uno de los mitos que creemos en la iglesia. Dios no cambia y es igual por todos los siglos, pero podemos verlo mejor en Jesús, cuando su identificación con nosotros es más obvia. El Dios del Antiguo Testamento es igual al Dios que vemos con Jesús. Tenemos que enfrentar el texto bíblico con integridad y entender todo en su contexto. Como no podemos separar el texto bíblico de su contexto histórico social, nuestro resumen de los conceptos de discapacidad en las diferentes épocas de la historia humana nos servirá para entender mejor este tema tan desconocido y difícil.

Los pocos teólogos que han estudiado el tema de la discapacidad en la Biblia coinciden en admitir que ésta incluye algunos textos duros de digerir. Varios textos y relatos en la Biblia nos parecen, desde nuestra óptica del siglo xxi, excluyentes de las personas con discapacidad. No intentaremos negar estos pasajes, pero debemos tomar en cuenta el contexto social en el que estos pasajes fueron escritos y compararlos con las prácticas en otras culturas. La Biblia es verdad, no es relativa; la palabra de Dios no varía y no nos engaña, pero notamos que no contesta todas nuestras preguntas. Con la falta de más estudios serios, admitimos que todavía no entendemos todo.

Aparentemente, como en todas las otras culturas del mismo contexto histórico, el pueblo de Israel despreció a las personas con discapacidad. Pero hubo una gran diferencia: mientras que en otras culturas de la misma región geográfica y de la misma época, mataban a cualquier bebé con discapacidad, ésta no fue la práctica de los israelitas. Sin embargo, hubo abusos de todo tipo contra personas ciegas o con una discapacidad física. La línea entre discapacidad y enfermedad no existía y, por ende, personas con lepra, por ejemplo, recibieron también la misma discriminación.

Dios excluyó de su lugar más santo a las personas con discapacidad. El pasaje más famoso es el de Levítico 21.16–23, en el que se da instrucciones para el culto y el sacerdocio. Pero antes de hacer críticas por la falta de inclusión, quizás podamos ver el contexto. Es claro que mucho más de la mitad de todos los israelitas no tuvieron nunca acceso a este lugar santo, porque ninguna mujer podía entrar. Además, de todos los varones, sólo podían hacerlo los de la tribu de Levi. Entonces, aunque es significativa la exclusión de las personas con discapacidad, no debemos dar demasiada importancia a este hecho. Las personas con discapacidad de la tribu de Levi fueron excluidas solamente de entrar al lugar más santo, pues podían comer del pan santo y disfrutar de todo lo demás. Esto quiere decir que se los consideraba ritualmente puros; entonces, no era un asunto de pureza. Esta limitación no es fácil entenderla. Para ello, una estudiante de la Torah, Rabí Judith Abrams, propone algo interesante. Su idea es que no se permitía a las personas con discapacidad ingresar al lugar más santo para protegerlos, pues sabemos que el arca era un lugar peligroso (ver Nm 4.7–20 o 2S 6.6, 7). Ella dice que posiblemente la exclusión fue para prevenir una desgracia, pues si una persona no podía caminar bien o era invidente y tocara el arca por equivocación la hubiera dañado. Esta propuesta es interesante, pero debemos admitir que había siempre otro tipo de exclusión: la de los animales con defectos. Simbólicamente, no podían sacrificar algo con un "defecto físico". Sólo la "perfección" era aceptable por Dios, porque él es perfecto en todo sentido. Entonces, la "imperfección" física simbolizó una falta de perfección total.

Para cerrar esta página, porque creo que es difícil encontrar una explicación totalmente convincente, es necesario recordar que esta época de la historia de la humanidad ya pasó. Jesucristo nació para poner fin al sistema sacerdotal con sus reglamentos de pureza y los sacrificios. Cuando Jesús murió en la cruz, rompió el velo del lugar más santo y lo dejó abierto para todos. En Cristo todos somos aceptables para Dios, ninguno debe ser excluido: "Por una parte, la ley anterior queda anulada por ser inútil e ineficaz, ya que no perfeccionó nada. Y por la otra, se introduce una esperanza mejor, mediante la cual nos acercamos a Dios" (Heb 7.18, 19). "Por eso Cristo es mediador de un nuevo pacto, para que los llamados reciban la herencia eterna prometida, ahora que él ha muerto para liberarlos de los pecados cometidos bajo el primer pacto" (Heb 9.15). "Esta copa es el nuevo pacto en mi sangre, que es derramada por ustedes" (Lc 22.20b).

Dios, defensor de derechos

En el Antiguo Testamento podemos encontrar diferentes paradigmas, pero es sumamente interesante notar que entre todos los mandamientos, en el libro de Levítico, hay un ejemplo de cómo Dios defiende a las personas con discapacidad. Aunque no debemos generalizar desde un solo versículo, me parece significativo que Dios dejara un mandamiento contra el maltrato a personas con discapacidad. Y aun más interesante porque se encuentra el texto dentro de una sección de la ley que trata de la santidad personal. En Levítico 19 leemos que Dios ordenó a Moisés llamar al pueblo de Israel para darle instrucciones con algunos detalles para la vida santa, en relación con Dios y también con la comunidad. En el versículo 2 dice: "Sean santos, porque yo, el Señor su Dios, soy santo". Toda la sección, versículos 9–18, nos llama la atención porque termina con las palabras que usó Jesús, "Ama a tu prójimo como a ti mismo" (v 18). En medio de la sección encontramos el versículo 14: "No maldigas al sordo, ni le pongas tropiezos al ciego, sino teme a tu Dios. Yo soy el Señor".

En este versículo se menciona dos tipos de discapacidad común: la sordera y la ceguera. En aquel tiempo ambos fueron muy reconocidos tanto como hoy. Es interesante que ambas condiciones fueran utilizadas como figuras o metáforas cuando alguien quería hablar de personas que no entendían algo o se resistían a entenderlo. Hablamos de personas "sordas" cuando no son literalmente sordas sino difíciles, que no quieren escucharnos. Aun hoy cantamos de alguien que fue "ciego" hasta que la luz del evangelio cambió su vida y desde ese momento la persona puede "ver". Obviamente, es una figura, no es literal. Pero quizás este uso del concepto de ceguera hace más fácil el abuso hacia la persona ciega. En todo caso, a Dios no le agradan tales abusos y sale en defensa de la persona ciega y de la persona sorda.

El texto habla de una persona sorda que por su discapacidad no puede oír palabras, sean malas o buenas. Por ende, uno puede decir con impunidad cualquier cosa acerca de ella, pues no oye y así no puede defenderse. Maldecir a una persona sorda es un acto fríamente calculado para hacerle el mayor daño.

¿Cuál es el abuso más cruel contra la persona ciega? El versículo nos responde: "poner algo en su camino". ¿Y por qué razón? Porque es algo que la persona ciega no podrá evitar. Si usamos malas palabras en contra de ella, siempre podrá escucharnos y defenderse. Pero, como no puede ver, entonces el acto más malicioso es intentar agredirla colocando obstáculos en su camino. Y es cruel porque es un acto hecho a propósito; es aprovecharse de su debilidad e ir en contra de su dignidad de persona.

Dios, quien es justicia y amor, no permite que su pueblo tenga estas malas prácticas. Él defiende a los que no pueden (por su discapacidad) defenderse, justamente en ciertas áreas de sus vidas que son las más afectadas.

Hay que reflexionar mucho sobre este versículo, aparentemente insignificante pero que termina con una advertencia. Dios es siempre Dios y hay que temerle, él tiene poder y puede aplastar a cualquiera que no cumpla con su ley. Es solamente su gracia la que nos permite tener relación con él y vivir.

La palabra de Dios fue escrita por diferentes autores; muchos coinciden en que el autor de los primeros cinco libros fue Moisés. Si fue él o no, no está muy claro; lo que sí es cierto es que Dios usó a Moisés para comunicar a su pueblo sus mandamientos como parte del pacto que existía entre ellos.

Moisés, líder escogido por Dios

Lo que menos sabemos es que Moisés tuvo una discapacidad. Este no es hecho tan conocido. Si finalmente lo sabemos, es porque él la usó como pretexto para no hacer la voluntad de Dios.

Moisés nació en Egipto de una pareja israelita. Esta pareja desobedeció la orden dada por el faraón de matar a los bebés varones al nacer y lo escondieron. Todos recordamos la historia de cómo la hija del faraón encontró a Moisés en el río y lo adoptó como su hijo. Cuando él creció y podía entender lo que le estaba pasando a su pueblo, mató a un egipcio y huyó al desierto. Un día, mientras trabajaba como pastor, Dios lo llamó de entre un arbusto en llamas.

En la larga conversación entre Dios y Moisés, él le ordena regresar a Egipto para enfrentar al faraón para que deje salir al pueblo israelita. Obviamente, Moisés no quería obedecer. Su vida estaba en peligro por haber matado a un egipcio. Entonces, él empezó a dar excusas para no hacer la voluntad de Dios. Al final, en el capítulo 4 versículos 10 al 12 Moisés usó su propia condición de persona con discapacidad para no cumplir el mandato. Dijo: "Señor, yo nunca me he distinguido por mi facilidad de palabra. Y esto no es algo que haya comenzado ayer ni anteayer ni hoy que te diriges a este servidor tuyo. Francamente, me cuesta mucho trabajo hablar". Nos interesa la respuesta de Dios porque si fuera verdad que Moisés tuvo una discapacidad, lo que dijo Dios es clave. "¿Y quién le puso la boca al hombre? ¿Acaso no soy yo, el Señor, quien lo hace sordo o mudo, quien le da la vista o se la quita? Anda, ponte en marcha, que yo te ayudaré a hablar y te diré lo que debas decir".

En primer lugar, Dios no ignoraba la situación de Moisés. Él nos creó y nos conoce mejor que cualquiera. Entonces, podemos notar que escogió a Moisés para ser un embajador ante el temido faraón a sabiendas de que tenía una limitación en su capacidad de hablar. Al señalar que la discapacidad no era una razón legítima para no trabajar, Dios dejó sin pretexto a Moisés y simplemente insistió en que hiciera su voluntad. A la luz de este pasaje, debemos preguntarnos cuántas veces hemos utilizado pretextos para no hacer algo que Dios nos pide. Cuando Dios nos pide algo es porque sabe que podemos hacerlo. ¡Moisés era una persona fuerte y valiente, era atrevido! Finalmente, Dios, en su sabiduría y compasión, porque sabía del temor de Moisés por haber matado a un egipcio, le ofreció una salida. Dijo que Aarón, el hermano de Moisés, quien no tenía ninguna discapacidad que afectara su habla, podía acompañarlo y hablar en su lugar. Así, Moisés tuvo que rendirse a la voluntad de Dios.

En Éxodo encontramos que, aunque al principio Aarón hablaba en vez de Moisés, después de varias audiencias con el faraón, Moisés lo hacía por sí mismo, pues su miedo había quedado atrás. El testimonio de Esteban es que Moisés "era poderoso en palabra y en obra" (Hch 7.22). Este relato bíblico nos da este principio: tener una discapacidad no es una razón para no trabajar en la iglesia. Dios llama a la persona con discapacidad, y le manda a hacer lo que puede —nos conoce mejor que nadie—. Aunque ésta pueda necesitar ayuda al principio, es posible que, con un poco de experiencia, cada vez necesite menos apoyo; no obstante, siempre es mejor trabajar en equipo. Buscamos maneras de sobrellevar una situación de desigualdad y dar la posibilidad de inclusión a la persona con discapacidad.

Jacob, patriarca con discapacidad (Gn 32.22–32)

Jacob nos interesa porque no nació con discapacidad, sino que la adquirió. Esta es la experiencia de millones de personas en sus últimos años de vida, pero en el caso de Jacob fue una consecuencia de su lucha con el Señor. Él llevó esta discapacidad todos los días que le quedaban con cambio de nombre incluido. Era un líder y hombre de Dios, pero también una persona con muchas debilidades morales. Engañó a muchas personas, incluso a su propio padre.

Mintió para salvar su vida y para ganar la herencia familiar por sobre los derechos de su hermano. Es curioso que Dios escogiera a alguien tan inmoral para ser el líder y fundador de su pueblo, mas tenemos que admitir que todos somos potencialmente iguales. Y no podemos juzgar sin ser juzgado. En verdad, nos da esperanza saber que Dios puede usar a alguien como Jacob y transformarlo en Israel, el patriarca de su pueblo. Jacob tenía dificultad para caminar debido a su discapacidad física, algo que en su cultura lo volvía muy vulnerable. No podía escaparse de sus enemigos como antes, y tuvo que aprender a vivir con su limitación.

Mefiboset, un caso de asistencia (2S 4.4; 9; 16.1–4; 19.24–30)

El caso de Mefiboset es relatado en el contexto de la relación que tuvo David con Jonatan. David tuvo una amistad muy hermosa con Jonatan, a pesar de la mala relación con Saúl, quien trató numerosas veces de matar a David. Mefiboset sufrió un accidente cuando su nodriza, al huir del conflicto, lo dejó caer. A raíz de esta caída no pudo caminar. Era el último de la familia de Jonatan, y cuando David se dio cuenta de que estaba vivo, lo invitó a vivir con él y comer de la misma mesa. Fue un honor y privilegio enorme ser invitado por el rey David. Sin embargo, la triste verdad es que David no trató a todas las personas con discapacidad de la misma manera. Su actitud fue como la de la sociedad: despreció a los "cojos y ciegos" (2S 5.6–8). Aunque lo más probable es que se tratara del uso de un lenguaje figurado, el hecho es una muestra de cómo eran vistos las personas con discapacidad por la sociedad y por el mismo David: vulnerables, débiles, inútiles y desgraciados.

Al leer la escena de cuando David invita a Mefiboset a su mesa, estamos frente a una situación ambigua. Como en muchas de nuestras relaciones interpersonales, lo que no practicamos con una clase de personas, lo podemos hacer con un individuo determinado. David es como nosotros: muestra su humanidad, se hace responsable del bienestar de la familia de su amigo cercano; pero, cuando se trata de las demás personas con discapacidad, su actitud no es tan buena. David es siempre una mezcla de lo admirable, lo virtuoso, lo generoso, y lo falible y lo injusto; mas la Biblia reconoce que amó a Dios.

Sansón, hombre fuerte con debilidades (Jueces 16)

Sansón es otro héroe; como David, tiene una mezcla de valores; algunos muy nobles, otros no tanto. Su debilidad por las mujeres lo hizo vulnerable; por ello, lo capturaron y perdió la vista, como producto de un cruel castigo de los filisteos. Sin embargo, a pesar de todo, usó su fuerza para matar a sus enemigos, quienes eran también enemigos de Dios. Murió en esta acción. Es otro ejemplo de que la discapacidad no es un obstáculo para la obra de Dios.

La venida de Cristo y su redención

Cristo nació en un mundo muy crédulo bajo el dominio romano y un sistema sacerdotal judío muy estricto y lleno de contradicciones. Empezó su ministerio usando las palabras del profeta Isaías referidas a la liberación y la esperanza: "El Espíritu del Señor está sobre mí, por cuanto me ha ungido para anunciar buenas nuevas a los pobres. Me ha enviado a proclamar libertad a los cautivos y dar vista a los ciegos, a poner en libertad a los oprimidos, a pregonar el año del favor del Señor".

En su compasión, Jesús sanó a muchas personas enfermas y con discapacidades. Sus acciones fueron muy radicales y provocaron las críticas de los líderes, fariseos y sacerdotes. A veces rompió las reglas religiosas para dar libertad a alguien paralítico o ciego, y por sus hechos fue perseguido por las autoridades. Todo lo que hizo tenía un fin: mostrar el amor de Dios y su salvación. Jesús sanó para mostrar el reino de Dios. Roy McCloughry dice:

> Jesús no perdona para poder sanar ("Les respondió Jesús:
> Vayan y cuéntenle a Juan lo que están viendo y oyendo:
> Los ciegos ven, los cojos andan, los que tienen lepra son

sanados, los sordos oyen, los muertos resucitan y a los pobres se les anuncian las buenas nuevas" [Mt 11.4, 5]), sana para demostrar su autoridad para perdonar los pecados ("¿Qué es más fácil decirle al paralítico: tus pecados son perdonados o decirle "Levántate, toma tu camilla y anda"? Pues para que sepan que el Hijo del hombre tiene autoridad en la tierra para perdonar pecados —se dirigió entonces al paralítico—: A ti te digo, levántate toma tu camilla y vete a tu casa" [Mr 2. 9–11]).

Pero Jesús no se limitó a sanar a las personas alrededor de él, sino que también dejó enseñanzas.

En vez de evitar el contacto con las personas discapacitadas, las invitó a participar en su reino. En vez de dejarlas sin poder y privadas de respeto y oportunidades, les dio dignidad. Conversó con ellas y tocándolas les mostró que no tenían la culpa de su situación. Su ejemplo de abrazar a los más marginados de la sociedad debería llevarnos a imitarlo. ¿Por qué no se ven a miles de personas con discapacidad en nuestras iglesias si Jesús enseñó que debemos invitarlas? No quedó tranquilo frente a la situación de las personas con discapacidad, y tomó medidas para ayudarlos y ofrecerles una oportunidad de vida.

La persona con discapacidad, un invitado al reino de Dios: el gran banquete

Las personas con discapacidad son bienvenidas en el reino de Dios aunque no sean sanadas. Jesús contó una historia en la que mencionó específicamente a las personas con discapacidad; ellas se encuentran en el corazón del evangelio, y no están excluidas. El contexto de la historia es una cena dada por un fariseo (Lc 14.1). Jesús vio la manera en que las personas invitadas escogían los lugares de honor en la mesa, lo cual dio pie a que hablara sobre los invitados. Se refirió a la importancia de invitar a personas pobres o con discapacidad a sus casas para incluirlas. Cuando alguien dijo: "¡Dichoso el que come en el banquete del reino de Dios!" (v 15), Jesús les contó una parábola (Lc 14.16–24). La parábola trata de un hombre rico que preparó un gran banquete. Invitó a sus amigos, pero al final todos tuvieron pretextos para no llegar al banquete. Entonces el hombre mandó a su siervo a buscar "a los pobres, inválidos, a los cojos, y a los ciegos" (Lc 14.21). Una precisión importante: hay que entender al hombre del versículo 16 como Dios, y al banquete como su reino.

Ellos aceptaron y todavía hubo lugar para más

Es una historia tan simple la del gran banquete. De su enseñanza quiero resaltar lo siguiente: Dios quiere invitar a su reino a las personas pobres y a las con discapacidad (sabemos que la gran mayoría de personas con discapacidad son muy pobres); pero al invitarlos a ellos, no estamos excluyendo a los demás, hay espacio para todos.

En el relato, las personas con discapacidad podían disfrutar de la misma cena, no se les preparó un banquete menos lujoso. No tuvieron que ser sanados para participar en este banquete, fueron aceptados tal como eran. Sin embargo, alguien tuvo que buscarlos e invitarlos. Es evidente que Jesús quiso enseñar verdades acerca de las personas con discapacidad. Quiso incluirlos y darles vida eterna y dignidad en la sociedad, lo cual era algo asombroso para los judíos. Nunca dijo que no eran aceptados y los trató con respeto y amor.

Un Dios "autolimitado"

Dios se vuelve un Dios con discapacidad por nosotros, "se rebajó voluntariamente, tomando la naturaleza de siervo y haciéndose semejante a los seres humanos" (Fil 2.7). La idea puede ser chocante, pero algunas personas con discapacidad física han pensado seriamente en este tema. Nancy Eiesland, una teóloga norteamericana que tiene una discapacidad física, escribe en su libro *The Disabled God* que tuvo una visión de Jesús en una silla de ruedas, cuadrapléjico, sin el uso de sus miembros. Ella concluyó que cuando Jesús se dejó llevar a la cruz, voluntariamente dejando su posición de poder y gloria con su Padre, allí se sometió a una condición de discapacidad, donde no podía hacer nada por sí mismo. Estaba postrado como una persona con parálisis, totalmente limitado en sus acciones, sin poder defenderse. Experimentó lo que muy pocos tienen que experimentar, una vulnerabilidad y debilidad física total. La gran diferencia es que fue voluntario. Nadie en este mundo escogería ser paralizado, no sería natural. Pero, para poder salvarnos, esto fue parte del precio que Jesús tuvo que pagar. Y lo hizo con amor y con total comprensión del sufrimiento humano.

A veces escucho reclamos de que Dios no puede saber del sufrimiento de algunas personas con discapacidad. Pero no es verdad. Él sí sabe de todo, y sobrellevó nuestros dolores y nuestros pecados. Jesucristo no es un Dios débil, sino fuerte, que sabiendo muy bien lo que estaba haciendo y el precio que iba a pagar, siguió firme hasta la muerte y conquistó la maldad y al enemigo, de una vez, dejando la puerta del reino de Dios abierta para todos los que le claman. Y esta esperanza es para todos, con nuestras discapacidades, debilidades y pecados. Lo único que debemos hacer es pedir perdón y recibir el regalo de vida eterna. La gracia de Dios es para todos, seamos personas con discapacidad o sin ella.

La iglesia y la inclusión, el cuerpo de Cristo

Después de la muerte y resurrección de Jesucristo, la iglesia empezó a crecer y en las cartas podemos leer muchas instrucciones de como debe ser nuestro comportamiento como comunidad cristiana. Entre las figuras más reconocidas de esta nueva iglesia, está la del cuerpo de Cristo (1Co 12). Si logramos entender bien esta figura, creo que tenemos la clave para la inclusión de la persona con discapacidad en nuestras iglesias y ministerios. Este pasaje de las Escrituras nos habla acerca de la importancia de cada persona. Cada uno tiene sus dones, su lugar y su rol. No somos todos iguales, pero nadie es menos importante: "El ojo no puede decirle a la mano: No te necesito. Ni puede la cabeza decirles a los pies: No los necesito. Al contrario, los miembros del cuerpo que parecen más débiles son indispensables, a los que nos parece menos honrosos los tratamos con honra especial" (1Co 12.21–23). Y el versículo 26, "Si uno de los miembros sufre, los demás comparten su sufrimiento; y si uno de ellos recibe honor, los demás se alegran con él".

Aunque nos cueste creerlo, necesitamos a los miembros del cuerpo de Cristo que parecen débiles. Entre los "débiles" debemos contemplar a las personas con discapacidad. La iglesia nunca estará sana ni completa sin ellos. Lo que parece débil puede ser lo más fuerte y lo insignificante puede ser lo más importante. Los valores del reino de Dios son diferentes a los valores de este mundo.

Esperanza de un futuro sin dolor ni sufrimiento

La Biblia nos señala el camino hacia un mundo nuevo en el cual todo será renovado: "En aquel día podrán los sordos oír la lectura del rollo, y los ojos de los ciegos podrán ver desde la oscuridad y la penumbra" (Is 29.18), "Se abrirán entonces los ojos de los ciegos y se destaparán los oídos de los sordos; saltará el cojo como un ciervo, y gritará de alegría la lengua del mudo. Porque aguas brotarán en el desierto y torrentes en el sequedal" (Is 35.5–6), "El que estaba sentado en el trono dijo: ¡Yo hago nuevas todas las cosas! Y añadió 'Escribe, porque estas palabras son verdaderas y dignas de confianza" (Ap 21.5). Aun cuando sufrimos, esperamos este mundo nuevo ("De hecho, considero que en nada se comparan los sufrimientos actuales con la gloria que habrá de revelarse en nosotros" – Ro 8.18). La tragedia no es un estado natural de nuestra mente, pero la esperanza sí lo es. Jesús, el Cordero, está en el corazón de este mundo. El Dios con discapacidad se ha vuelto victorioso. Todos podemos identificarnos con este Dios.

Todavía hay muchos misterios y dudas. En la práctica, ¿cómo podemos incluir a alguien que no habla o que no puede moverse? ¿Cómo puede una persona con discapacidad cognitiva entender las buenas nuevas y ser salvada? Veremos más en nuestro viaje en adelante.

Para reflexionar

▶ Busque los textos mencionados y haga su propio estudio. Si tiene muchas dudas o preguntas, ore con alguien para que el Señor le dé su repuesta. Busque a alguien en su congregación que tenga una discapacidad y comparta con él o ella la parábola del banquete. Pregúntele cómo se siente frente a la invitación al banquete hecha por Jesús.

▶ Después de mostrarles la historia de Moisés, anímelos a aceptar el reto de hacer algo por Dios. Pero no se debe olvidar que esto dependerá de la voluntad de usted de facilitar la inclusión.

Capítulo 6

Una persona en silla de ruedas asiste a un evento de sanidad divina,
esperando poder caminar con la ayuda de un milagro.

¿Un atajo en el camino?

Sanidad, curación y vida sana

Ya sabemos a dónde vamos, tenemos el mapa, y conocemos con quién vamos a viajar. De pronto, alguien dice que conoce una ruta mejor, un atajo importante por el cual llegaríamos más rápido, ya que nos ahorraría tiempo. ¿Pero es un atajo o, en verdad, un desvío que al final nos costará más trabajo? Las calles de San José, donde vivo, son angostas y difíciles de entender porque no llevan nombres. Un buen taxista siempre sabe los atajos para llegar más rápido al lugar, pero si yo intentara hacerlo sola, es probable que resultaría en un desvío más largo y hasta peligroso.

Ocurre igual en la iglesia con algunas experiencias de búsqueda de sanidad para discapacidades. Como vimos en el capítulo 4, la oración para pedir sanidad parece ser una buena opción, pero la sanidad no siempre es voluntad de Dios, por lo cual debemos estar contentos y agradecidos con nuestras vidas. Puede representar un atajo genuino en el camino, pero también podría ser una desviación que complique la situación en vez de mejorar la vida. Es posible que algunos atajos para la persona con discapacidad sean válidos, pero no lo son en la gran mayoría. Debemos recordar que una persona con discapacidad puede vivir una vida muy sana con su limitación, especialmente si obtiene todas las oportunidades que le corresponden como a los demás.

Cuando conversamos con alguna persona con discapacidad, a menudo ella habla de experiencias que no le fueron tan agradables en determinada iglesia. Esas penosas experiencias la dejaron con sentimientos mezclados de vergüenza, culpa y decepción. Fueron rotas sus ilusiones. Ante el desencanto, muchos sienten que fueron engañados y, simplemente, deciden abandonar la iglesia.

No obstante, Roy McCloughry, creyente y sociólogo, orador y autor de libros y artículos, algunos acerca de la discapacidad, dice:

> He vivido con epilepsia toda mi vida. Y, a la vez, también, he sido papá de una hija que tuvo una epilepsia incontrolable hasta hace dos años cuando la operaron. Fue liberador descubrir en mis años de adolescencia que los ataques eran el resultado de problemas eléctricos en mi cerebro y no de los demonios, y que yo estaba realmente viviendo por el Espíritu Santo pese a la epilepsia.
>
> Las personas con epilepsia frecuentemente tienen muy pocos amigos, poseen mala autoimagen, y se sienten inseguros de sus vidas. Dentro de todo, muchas veces luchan por encontrar trabajo. He aprendido muchas cosas por la experiencia de padecer epilepsia que nunca hubiera aprendido de otra manera. Es verdad que hay mucha confusión, dolor y sentimientos de desesperación. Pero también uno encuentra muchas personas desconocidas compasivas y bondadosas. Felizmente recibí el apoyo de un pastor que supo la diferencia entre sanidad y curación. También ha sido parte de mi experiencia la relación cercana y empática entre papá e hija al enfrentar los dos los mismos retos.

Todavía vivo con epilepsia. Si me siento confundido (una señal previa de un ataque), espero para ver si se desarrolla y si voy a quedar inconsciente. Si no tomo mis medicamentos, el riesgo es mayor. Mi memoria ha sufrido daño y encuentro dificultad para recordar el pasado. Pero sé que mi vida está en manos de Dios y vivo como un hombre entero. La epilepsia puede ser causa de discapacidad, pero no es lo que me identifica a mí, ya que soy una persona creada a imagen de Dios.

Ha sido un regalo extraño, pues mi hija y yo hemos tenido experiencias terribles y temibles; pero regalo, y no maldición, porque a través de mi experiencia encuentro a otras personas con discapacidad y puedo hablar de cristianismo y discapacidad, y del amor de Dios, a personas que con tanta frecuencia están excluidas... A veces puedo ofrecer ayuda a aquellos que se encuentran solos y llenos de miedo. Sin tener epilepsia, confieso que no tendría interés en ellos. Pasaría al otro lado de la calle. A través de mi condición, he aprendido que Dios nos da ciertas experiencias que son difíciles de llevar pero que él las pueda usar para sus propósitos de redención.

Roy vive con epilepsia pero, si toma sus medicamentos, no le afecta tan severamente. En cambio, su hija tuvo un tipo de epilepsia que fue tan incontrolable que no podía llevar una vida "normal". Los ataques le impedían estudiar, socializar, trabajar y mucho más. La dejaban cansada y deprimida. Los medicamentos no podían controlarlos y ella estaba en una condición vulnerable. De pronto, los médicos le dijeron que ella podría ser operada para que le extrajeran una pequeña parte de su cerebro donde estaba radicado el daño, fuente de los ataques. Era peligroso, pero ella, apoyada por su familia, decidió tomar la oportunidad, pues estaba muy desesperada. Cuando salió del hospital, todos se dieron cuenta de que se había producido un cambio casi milagroso. No ha vuelto a tener un ataque, ha reanudado su vida y está empezando a desarrollarse.

La curación ¿siempre es posible o no es más que un engaño?

Al referirnos a la curación y la sanidad, debemos reconocer las diferencias. La curación, como en el caso de la hija de Roy, es real, producto de una operación realizada por sus médicos. Uno puede curarse de algo y dejar la condición de enfermo debido a alguna cirugía o a un tratamiento como la quimioterapia, o por la reacción del mismo cuerpo ante el mal (por ejemplo, contra una infección). Sin embargo, puede seguir viviendo mal, sin alcanzar la plenitud de la vida porque no tiene paz en su alma, o porque no encuentra amigos o trabajo.

Sanidad es un concepto más amplio, que incluye todo el ser. Abarca las emociones, la mente, el cuerpo y el espíritu. Es un estado, no simplemente un cambio. Es un estilo de vida, una actitud. No necesariamente implica ser curado de una condición.

La hija de Roy está sana, vive en sanidad en todas las dimensiones de su vida. Se siente mejor, puede hacer lo que quiera. Puede vivir su vida y soñar con un futuro. Pero Roy, aunque no ha sido "curado", también vive una vida sana. Todavía toma medicamentos para controlar su epilepsia, pero puede hacer lo que quiera, como soñar, planear y disfrutar de la vida. Experimenta satisfacción por haber hecho tantas cosas en su vida hasta el día de hoy. Los dos saben qué es sanidad, aunque la cirugía fue algo radical para la hija: la curó de su epilepsia.

No debemos olvidar que las personas con discapacidad siempre dicen que no están enfermas. No necesitan ser curadas para vivir vidas plenas; solamente precisan oportunidades. El concepto de la sanidad íntegra es muy importante. Podemos tener cuerpos muy sanos pero mentes enfermas, o nuestras almas pueden estar angustiadas mientras estamos entrenados físicamente. Muchas investigaciones dicen que todo está conectado, así que el cuerpo puede estar afectado por el estado de ánimo de la persona. De la misma manera, si el cuerpo está mal de salud, las emociones y el espíritu pueden ser afectados también.

Entonces, no debemos evaluar la salud de una persona simplemente a primera vista, pues es algo más complicado. Lo cierto es que buscamos siempre vidas sanas y sin complicaciones. Nadie quiere vivir con dolor o con dificultad. Nadie desea tomar pastillas o consultar con el médico constantemente.

¿Una sola respuesta?

¿Estamos tentados a tomar un atajo frente la discapacidad? Esta no es una pregunta dirigida a las personas con discapacidad, sino a los líderes en las iglesias. No existe sólo una respuesta, sino varias. Como cada persona es única y diferente, también será diferente cualquier respuesta que nos den. Algunos han buscado sanidad física sin éxito mientras otros la han encontrado tal como en los ejemplos de la Biblia. Ellos pueden ser testigos del amor de Dios y su poder pero dejan a otras personas con algunas preguntas. "¿Por qué no me sanó?", es una de ellas. Estas personas pueden sentirse deprimidas y marginadas.

Vale decir que muchos teólogos —como Tom Wright— sostienen que lo importante de los testimonios de sanidad de los evangelios, es que son señales de reconstitución del reino de Dios. Muestran compasión y amor; pero también mucho más: un cambio total y profundo en el paradigma de la relación entre Dios y el hombre, tal como el mensaje de Jesús al comenzar su ministerio: "El Espíritu del Señor está sobre mí, por cuanto me ha ungido para anunciar buenas nuevas a los pobres. Me ha enviado a proclamar libertad a los cautivos y dar vista a los ciegos, a poner en libertad a los oprimidos, a pregonar el año del favor del Señor" (Lc 4.18,19).

El concepto bíblico de *shalom* nos puede ayudar también en la medida en que su sentido es holístico. Dios se preocupa por la persona en todo sentido y en todas las dimensiones, por lo cual no deben sorprendernos las diferentes respuestas.

Ejemplos del ministerio de Jesús

En su ministerio Jesús sanó a muchas personas: mujeres, hombres, niñas y niños, judíos y extranjeros, pobres y ricos, algunos con discapacidades y otros con distintas enfermedades, aunque no se hizo una clasificación médica como hoy. Ministró a cualquier persona con necesidad física, emocional y espiritual, sin distinción. Ésta debe ser nuestra guía para un ministerio de salud integral, ya que a menudo separamos áreas de nuestras vidas. Veamos algunos ejemplos tomados de los evangelios:

La sanidad, ¿permitida o no? (Mt 12.9–14)

Este es uno de los muchos ejemplos de lo que Jesús hizo en beneficio de la persona pese a actuar en contra de la ley religiosa. Era un sábado, día no permitido para trabajar, y los fariseos buscaban una manera de ponerle una trampa. Usaron el caso de un hombre con una mano paralizada. Cínicamente preguntaron a Jesús si era permitido sanar en sábado. Jesús les contestó: "Si alguno de ustedes tiene una oveja y en sábado se le cae en un hoyo, ¿no la agarra y la saca? ¡Cuánto más vale un hombre que una oveja! Por lo tanto está permitido hacer el bien en sábado" (v 11). Es interesante notar que amplió la respuesta, diciendo que fue permitido no solamente sanar sino "hacer el bien". Sabía que ellos no podían sanar como él, pero sí podían hacer el bien; por ejemplo, mostrar compasión, compartir sus recursos, educar o defender los derechos de alguien. "Entonces le dijo al hombre: Extiende la mano. Así que la extendió y le quedó restablecida, tan sana como la otra" (v 13). Furiosos no solamente porque les ganó en el argumento, sino también porque hizo algo que ellos nunca imaginaron, los fariseos salieron a planear cómo matar a Jesús.

Un hombre paralítico apoyado por sus amigos: una discapacidad de largo plazo (Mr 2.1–12)

Se trata de un caso muy famoso y reconocido, quizás porque menciona la necesidad del hombre de recibir perdón por sus pecados antes de recibir sanidad: "Al ver Jesús la fe de ellos, le dijo al paralítico: —Hijo, tus pecados quedan perdonados" (v 5).

En el caso que párrafos atrás vimos en Mateo, no se dice si Jesús le habló a este hombre de perdón de los pecados y salvación; esto simplemente no lo sabemos, pero igual él recibió sanidad. En el relato anterior del evangelio de Marcos, vemos que Jesús apuntó primero a la necesidad primordial del hombre, y después a las cosas secundarias, como su discapacidad. Es importante rescatar que para nosotros, igualmente el estado espiritual tiene que ser lo más importante en la vida. "A ti te digo, levántate, toma tu camilla y vete a tu casa" (v 11). Jesús tenía autoridad para hacer ambas cosas, daba una sanidad integral.

Lo que a mí me gusta mucho de la historia es que fue un trabajo en equipo. Veremos más adelante cuán importante es este aspecto. La colaboración, el compromiso y la fe de varias personas para facilitar el acceso a Jesús es un gran logro. Hay mucha más esperanza para las personas que cuentan con un grupo de apoyo, que puede ser su familia, sus amigos o los hermanos de la iglesia. Podemos hacer la diferencia en la vida de muchas personas con discapacidad si decidimos formar grupos de apoyo en la iglesia.

El caso de una discapacidad adquirida, resultado de la violencia (Lc 22.49–51)

Cuando capturaron a Jesús en el jardín, lastimaron al sirviente que estaba cumpliendo su deber como los soldados. Realmente este hombre no tenía poder para llevarlo, más bien su participación fue algo previsto por Dios. Jesús no estaba de acuerdo con la violencia, y mostró compasión en aquel incidente.

"¡Déjenlo! —ordenó Jesús. Entonces le tocó la oreja al hombre, y lo sanó" (v 51). No sabemos qué pasó con el sirviente, pero podemos imaginarnos que contó el hecho a su familia durante todos los años de su vida. Quizá reconoció que Jesús era el Mesías. Este acto debió tener un gran impacto en su vida, como en las muchas personas que tuvieron un encuentro con Jesús y salieron sanadas y transformadas. Es una triste realidad que hoy tengamos más y más personas lastimadas por actos de violencia. En algunos casos, es el resultado de la violencia de las guerras entre los países, o entre grupos en la sociedad, o de las guerras civiles. Mas, también vemos violencia institucional, doméstica y religiosa, las cuales generan discapacidad y tristeza.

Un hombre con discapacidad de por vida, aislado y marginado (Jn 5.1–15)

A diferencia del hombre en Marcos 2, este carecía de amigos, no tenía alguien para ayudarlo a bajar hasta las aguas para recibir una "cura" (como pensaba la gente). Jesús no necesitaba el agua para sanar al hombre, pues con solo su palabra cambió la vida del hombre para siempre. "Al instante aquel hombre quedó sano, así que tomó su camilla y echó a andar" (v 9). Después Jesús le advirtió que debía llevar una vida diferente para evitar algo peor: "Mira, ya has quedado sano. No vuelvas a pecar, no sea que te ocurra algo peor" (v 14).

Posiblemente, este comentario se debió al estilo de vida del hombre o por sus planes para el futuro, información a la cual no tenemos acceso, pero Dios sí lo sabía, en vista de que nada está oculto para él. Sabemos mucho más hoy de la importancia de los estilos de vida, y qué conduce a una vida plena (por ejemplo, comer sano, hacer ejercicios, dormir suficiente). También sabemos qué lleva a las personas a una vida limitada: el uso de drogas, demasiado alcohol o la comida rápida llena de grasa.

Entonces, en cada hecho Jesús nos muestra su poder y compasión. Quiso hacer un cambio radical en la vida de aquellas personas. Ellas ya no estaban sujetas al sistema religioso impuesto por los hombres. Les fue mostrado el reino de Dios, el que da libertad, oportunidad y esperanza. Finalmente, sabemos, que Jesús no sanó a todos los que estaban alrededor del pozo. Él nos muestra que ello no es siempre la voluntad de Dios.

Nuestro anhelo

¿Qué es importante? ¿La curación física o una vida sana y productiva? ¿Es importante ser "normal"? o ¿podemos vivir bien con un cuerpo diferente o mente distinta?

Dios nos ama y no le importa nuestra condición. Él quiere nuestros corazones, y nos da vida abundante y eterna. Él vive y quiere que vivamos en él. No tenemos que ser perfectos, ni física ni espiritualmente, pero tenemos que rendirnos a él y a su amor incondicional.

Entonces, ¿por qué anhelamos más? Parece ser algo muy natural anhelar lo que no podemos tener. Hasta las personas más ricas en este mundo están descontentas, y muchas desean la perfección física. Por ello, no debe parecernos extraño que las personas con discapacidad anhelen ser o estar sin discapacidad. ¡Es natural! Nadie quiere tener una discapacidad. Tomemos nota de lo que dice Silvia: "Aceptaría con gratitud ser curada para no tener que usar una silla de ruedas; pero, para mí, vivir bien no depende de este tipo de sanidad".

La búsqueda y la necesidad de la familia

Se debe reconocer que algunos de estos deseos intensos no vienen de la misma persona, sino de su familia o de su pastor. La familia lucha por encontrar una respuesta y va de un médico a otro buscando una opinión más favorable. Pueden hablar con su pastor, pedirle su ayuda en oración. Si no resulta, posiblemente se dirijan a una iglesia diferente, siempre buscando "sanidad". Esta situación produce angustia y más dolor. Necesitan sanidad no solamente para su hijo o hija, sino también para ellos mismos.

Los pastores sienten necesidad de responder al clamor de la persona y su familia. Entonces, naturalmente, empiezan a orar, o buscan a alguien conocido para que vaya a la iglesia a dar un culto de sanidad. Pero, a veces, la necesidad real es aprender a tener contentamiento con la voluntad de Dios. Si bien es natural luchar para mejorar la calidad de vida, la falta de paz, de paciencia y de aceptación pueden ser más dañinas. La actitud de Pablo frente las dificultades de su vida nos muestra algo importante. Pablo dice: "Pues he aprendido a estar satisfecho en cualquier situación en que me encuentre. Sé lo que es vivir en la pobreza, y lo que es vivir en la abundancia. He aprendido a vivir en todas y cada una de las circunstancias" (Fil 4.11, 12). Él explica su secreto: "Todo lo puedo en Cristo que me fortalece" (Fil 4.13).

Malas experiencias y resultados de una búsqueda forzada

Además de esta falta de paz y de la sensación de pérdida, podemos perder nuestra fe en Dios, dejar de congregarnos y de participar en la iglesia. Podemos dejar de trabajar en nuestra relación matrimonial, en el trabajo, en la casa, en todo. Hay padres y madres que se concentran sólo en su hijo, y pierden el gozo, la comunión y el balance en sus vidas. Después, se presentan los problemas de pareja y luego con la familia extendida. Seguidamente, aparecen los malentendidos entre el pastor y la familia. De modo que, con frecuencia, finalmente, toda la familia se va de la iglesia.

Sugerencias para la oración para obtener sanidad

Lo que sigue lo tomo de las propuestas de McCloughry y Morris con el ánimo de responder a la necesidad de dar un balance al ministerio de la sanidad, dados los peligros y abusos experimentados por algunos creyentes. Esta versión es un resumen, editado del original, pero con permiso de los autores.

Sanidad es un concepto bíblico en el cual hay una aproximación o encuentro entre Dios y la persona en busca de salud o sanidad. A veces un equipo o persona facilita este encuentro. Cada persona que busca oración por salud o sanidad, debe ser tratada con respeto y dignidad. Hay que tomar en cuenta sus preferencias y no deben ser explotadas ni abusadas, especialmente en público. Cualquier testimonio tiene que ser voluntario, sin presión, y en las auténticas palabras de la persona, sea verbalmente o por escrito.

Sanidad no es igual que curación. Dios puede sanar nuestro cuerpo como señal del reino y la esperanza del futuro, pero también puede cambiar nuestras actitudes y mostrarnos su amor en una forma sanadora. La oración por salud o sanidad no tiene que ver con el éxito ni el fracaso, sino con el acto de oración por la persona. Es una muestra de nuestra preocupación por ella, nuestra compasión y solidaridad. Nuestras oraciones muestran la inclusión de la persona en la comunidad cristiana. La oración no debe ser la única expresión del apoyo pastoral hacia la persona, más bien es parte de un proceso que debe continuar en forma apropiada, de acuerdo con el caso. También hay que ver la oración en el contexto de tratamientos y terapias.

Debido a que las sanidades no son fáciles de verificar, se debe llevar a la persona al médico para confirmar cualquier sanidad, tal como Jesús ordenó al leproso ir y mostrarse al sacerdote, que en aquel entonces era quien llenaba ese puesto. No importa si el médico tiene el mismo concepto cristiano. Si una persona con una discapacidad visible y obvia pide oración por su salud, hay que escucharla muy bien para saber si quiere sanidad por su discapacidad o por otra dolencia que no se ve. Es muy posible que una persona invidente de nacimiento, por ejemplo, busque sanidad por una enfermedad como el cáncer y no por su vista.

Las personas con discapacidad pueden orar por sanidad de otras personas, no hay ninguna razón para no hacerlo. Es parte de su inclusión en la iglesia, y si sus dones son de oración y apoyo pastoral, es importante que puedan ejercerlos. Por ende, se debe ver que haya accesibilidad para la persona y que no existan obstáculos para la ministración. En ninguna circunstancia, se le debe decir a una persona que su sanación no ha sido posible por su pecado, su falta de fe o por otra razón espiritual. Si la persona tiene un problema espiritual, o está luchando por su fe, debe recibir el apoyo pastoral en un contexto privado y apropiado.

Los que forman parte de un equipo que ministra oración regularmente en una iglesia necesitan recibir apoyo y cuidado pastoral. Es importante que tengan tiempos de retiro, tomando en cuenta su desgaste espiritual, emocional y físico. Además, deben ser reconocidos como parte del ministerio de la iglesia. Por otro lado, es importante investigar casos de abuso o malas interpretaciones. También la iglesia debe estar siempre dispuesta a reconocer sus errores, tiene que abrirse a las posibilidades de aprender y crecer cada vez más para lograr mayor madurez.

Dos extremos

Podemos concluir que hay dos tipos de reacción frente a la discapacidad, los cuales son extremos: la búsqueda incesante de sanidad física; y las personas que dicen que su discapacidad es parte de su identidad y, por tanto, no quieren cambiar.

- **El primer caso.** Es común que busquen sanidad las personas que han adquirido una discapacidad en la edad adulta. Ellos tienen sus recuerdos y experiencias de antes y después del accidente o enfermedad que causó su discapacidad. Por ello, tienen siempre más dificultad en aceptarla. Pero cada persona tiene su propia experiencia y su manera de hacer el ajuste a la realidad. Como en muchos otros procesos, es normal que con el tiempo vayan aceptando los hechos, pero si no sucede, pueden consultar a un sicólogo, para entender mejor qué está bloqueando la aceptación del cambio.

- **El segundo caso.** Las personas que no piensan en sanidad pueden parecernos masoquistas; sin embargo, sí son conscientes de las limitaciones y el dolor de vivir con una discapacidad. No obstante, se preguntan si hay necesidad de ser "normales" para poder vivir plenamente. Rechazan la necesidad de "normalización", que es importante en el modelo médico (ver capítulo 3). ¿En verdad, se considera la discapacidad tan "normal" como la falta de discapacidad? El caso más conocido es el de los grupos de personas sordas que manejan su propio lenguaje y forman una subcultura. Ellos hablan de cómo su estilo de vida tiene validez y no necesitan imitar a personas "normales". Defienden su derecho de vivir así y afirman que la suya no es vida sin calidad, sino solamente diferente.

La gran mayoría de personas con discapacidad no toman ni la primera ni la segunda opción. Ellos simplemente luchan por vivir mejor unas vidas "sanas" en todo sentido. Tomando las palabras de Pablo, tratan de vivir contentos.

Vidas sanas

David Potter, un pastor inglés con una hija con síndrome Down dice: "Las personas con síndrome Down no son personas enfermas, si lo estuvieran yo oraría por ellas, pero no, son personas con discapacidad, que es un concepto diferente".

Él fundó un ministerio que hoy apoya a miles de personas con discapacidad cognitiva para que vivan vidas con propósito, vidas sanas. En su libro *Am I beautiful, or what?*, habla de los seis principios bíblicos con que debemos tratar a estas personas, los cuales podemos rescatar por el estudio de la Palabra de Dios. Son principios generales en los que no hemos pensado porque en nuestra experiencia nunca hemos sido privados de ellos. Tristemente, miles y miles de personas viven sin tomarlos en cuenta, aunque en el mundo secular el tema de los derechos humanos ha cambiado y ahora contamos con una Convención de los Derechos Humanos de las Personas con Discapacidad, de la Organización de las Naciones Unidas (ONU). Era necesario hacerla específica para las personas con discapacidad porque no se han respetado sus derechos. Hoy no podemos decir que nuestras instituciones no cuentan con presupuestos para hacer realidad esta inclusión. Mucho menos podemos afirmar que la iglesia no tiene necesidad de revisar sus costumbres, enseñanzas, protocolos, doctrina, liturgia y sus edificios para incluir, como derecho básico y bíblico, a cualquier persona con discapacidad.

Los principios bíblicos propuestos por el reverendo David Potter, aplicables a la persona con discapacidad, son:

▶ **Individualidad.** Debemos mantener la individualidad de la persona, velando por su desarrollo como individuo. Cada una tiene sus diferencias y no debemos hablar de las personas con discapacidad como un grupo homogéneo. Son personas con nombres y les debemos el respeto correspondiente. En la práctica, es más fácil corregir los mitos si consideramos a cada persona individualmente y no las etiquetamos como un grupo.

▸ **Integridad**. Cada una debe ser libre de tomar sus decisiones hasta donde pueda. Esto depende de su edad cronológica y capacidad mental, pero se extiende a muchas decisiones en la vida cotidiana. Deben ser involucradas en las discusiones cuando no puedan tomar tales decisiones a solas. A veces tenemos que dejar que la persona con discapacidad tome su propia decisión aun cuando no estemos de acuerdo con ella. Una manera de concretar esto es darles varias opciones y hacerles consultas. La falta de alternativas reales, tan común en muchas instituciones, es denigrante; muestra que no estamos tomando en cuenta su dignidad como persona y que no nos importan sus opiniones. La consulta, pidiendo la opinión o preguntando por la preferencia, es un derecho.

▸ **Dignidad**. Hay que darles respeto y una vida realmente digna, tomando en cuenta su humanidad, edad cronológica y su experiencia de vida. Por ejemplo, no debemos mandar a un adulto a la clase para niños. Se debe tener cuidado con la manera en que hablamos con una persona con discapacidad intelectual, o con alguien que usa una silla de ruedas; no son niños ni "tontos", podemos lastimarlos. No debemos usar un tono de voz diferente cuando hablamos con una persona con discapacidad, seamos naturales en todo momento.

▸ **Independencia**. Es importante que las apoyemos para que lleven una vida más independiente, aunque nos cueste trabajo y esfuerzo en paciencia, tiempo y recursos económicos. Hay familias que sobreprotegen a sus hijos e hijas; ellos necesitan apoyo para dejarlos vivir sus propias vidas. En realidad, tenemos que estudiar las posibilidades para facilitar su independencia y su desarrollo, pensando más en ellos y menos en los obstáculos y nuestra dificultad.

▸ **Integración**. Es su derecho tener, hasta donde sea posible, una participación plena en la vida comunal y normal de su sociedad. Podemos preferir usar la palabra "inclusión", porque da más libertad en cuanto las adecuaciones (ver capítulo 7). En el pasado, la segregación pareció una buena opción, pero resultó en más miedo y no en mejor calidad de vida para las personas con discapacidad. El reto de integrarlas todavía nos toca a nosotros, en cada contexto y especialmente en la iglesia.

► **Espiritualidad.** Las personas con discapacidad tienen necesidades espirituales y capacidades para entender los conceptos espirituales. Hay que proveer oportunidades para su desarrollo espiritual y su participación activa en la iglesia. En ésta existen demasiadas barreras, tanto en actitud como en arquitectura. Hay que desarrollar una nueva actitud en la iglesia, de inclusión y de reconocimiento del valor de la persona.

Instituciones teológicas

Si queremos aplicar estos principios, debemos preparar a nuestros pastores y líderes en el tema y debemos discutir el tema en nuestras reuniones denominacionales o de la alianza o concilio evangélico. No es culpa de los pastores si nunca han recibido un curso sobre el tema ni han escuchado en las reuniones de pastores ejemplos de iglesias donde han incluido a las personas con discapacidad. No es culpa de las congregaciones si nunca escuchan prédicas sobre el tema, o si nadie ha sido capacitado para recibir personas con discapacidad en la escuela dominical o el grupo de jóvenes. Las instituciones teológicas, las alianzas evangélicas y los líderes de denominaciones de cada país en América Latina, deben hacer mucho más para promover el tema. Ningún pastor debe graduarse sin conocimiento del tema, y ninguna congregación debe decir que no le toca cambiar sus actitudes y su práctica.

Para reflexionar

- ► ¿Puede explicar la diferencia entre sanidad y curación?

- ► ¿Cuál es su posición en cuanto a la oración por sanidad? ¿Ha tenido experiencias difíciles en su iglesia con personas con discapacidad y sus familias? ¿Cómo puede prepararse mejor para esta situación?

- ► ¿Cómo va a incluir a personas con discapacidad en su iglesia sin ofenderlas o ignorar sus necesidades?

- ► ¿En su iglesia, denominación o alianza evangélica de su país, tiene algún documento al respecto?

- ► ¿Si estudió en una institución teológica, estuvo en su currículo el tema de la inclusión de las personas con discapacidad? ¿Qué puede hacer usted para mejorar esta situación?

Sección II

Prácticas

Capítulo 7

Una persona en silla de ruedas cae al suelo
porque la calle no está adaptada para él.

Viaje en equipo

Papel de la iglesia y participación activa de la persona con discapacidad

¿Estamos listos para la aventura? Como en cualquier viaje o caminata, uno tiene que prepararse con anticipación. Pero cuando todo está listo, hay que empezar a caminar. Este fue el caso de Moisés cuando Dios le dijo: "Ponte en marcha" (Éx 4.12). Efectuada la preparación, debemos estar listos para empezar nuestra caminata. No importa si caminamos a pasos largos y ligeros, o a paso lento. Lo que nos importa es el progreso.

Dios tuvo que insistir con Moisés para que empezara a moverse porque este tenía miedo y no quería obedecerle. Nuestro miedo, o la lista de otros quehaceres urgentes, nos pueden paralizar. Pero si no nos ponemos en acción, no veremos los cambios en la iglesia que tantas personas con discapacidad están esperando. Es tan fácil dejar de lado la decisión de actuar, pensando que podemos postergar el trabajo.

Pero cuando escuchamos a personas como Mariela, entendemos que las acciones son urgentes y necesarias. Ella fue adoptada y, aunque su familia adoptiva le dio una buena vida, ella nunca pudo caminar. Esta situación fue frustrante desde el principio. En la escuela fue marginada y abusada:

> Sentía envidia, todavía siento envidia de los que pueden caminar. Mi papá hizo una silla de madera con una sola rueda pero mis compañeros me trataban mal. A ellos les gustaba botarme de la silla y dejarme en el suelo. Fui a una escuela regular, pero tampoco me gustó porque los maestros me trataban muy mal. Muchas veces me dejaban en el suelo. No me ayudaron. En la iglesia fue igual, tampoco me trataban bien. Cuando visitábamos a algunas iglesias mis papás tenían que dejarme afuera porque estas no eran accesibles. En muchas iglesias no hay rampas y te dejan afuera. Mis papás no querían dejarme afuera y entonces nunca nos quedábamos en esas iglesias. Pero aquí en esta iglesia me siento muy bien, feliz, porque es un lugar accesible y la gente es amable y me toma en cuenta. Es la única iglesia que conozco que me toma en cuenta.

Hace poco Mariela me contó que quisiera formar parte de un equipo para cambiar la situación en otras iglesias. Quiere ayudar a otras personas como ella misma. Ya no está tan pasiva, ella desea que la iglesia la escuche. Quiere estar activa formando parte de un movimiento que busque incluir a las personas con discapacidad.

¿Qué nos impide empezar?

¿Por qué dudamos para empezar? Podría ser debido a que todavía tenemos mucho miedo. No queremos cometer errores, y por ello no empezamos para evitar los problemas. La mejor manera para contrarrestar esta tendencia es la planeación y la formación de equipos y redes. Es más fácil planear y cumplir con nuestros planes cuando no estamos solos.

No estamos solos

En la iglesia encontramos oportunidades para formar equipos de trabajo. Y como somos un solo cuerpo en Cristo, como dice en 1 Corintios 12, tenemos el privilegio de compartir el mismo sentir y colaborar. Podemos formar grupos o redes para hacer las cosas que no podemos alcanzar solos. La experiencia en Viva[7] es que se puede juntar esfuerzos de diferentes iglesias y ministerios y ser mucho más estratégicos que al actuar solos, sin perder la identidad de cada ministerio o iglesia en la red.

Los equipos son especialmente importantes en esta área de trabajo. Pocas personas tienen experiencia muy directa y necesitamos varias personas para trabajar en equipo para poder aprovechar de los diferentes dones y las vivencias de los miembros. El equipo nos ayuda a tomar decisiones con cuidado y no olvidar aspectos importantes. La consulta es indispensable tanto con otros miembros de equipos como con las personas con discapacidad y sus familias.

Otro aspecto es el pastoral. Uno de los mayores problemas cuando se trata de discapacidad es el cansancio, pues las familias están agotadas. Debemos pensar en cómo evitar este agotamiento, que también nos puede afectar. Como la discapacidad es de por vida, si trabajamos con las familias, tenemos que seguir apoyándolos todo el año, incluso durante las vacaciones. Por ello, si tenemos un equipo podemos compartir el trabajo y dejar que algunos descansen mientras otros trabajan. De lo contrario, podemos quebrarnos en muy corto tiempo.

Es frecuente también que muchos miembros de un equipo se involucren porque ellos mismos tienen la experiencia de tener a alguien de su familia con discapacidad. Por ejemplo, en el ministerio en el cual trabajo, de un pequeño equipo de diez personas, el interés de la mitad de ellos se debe a motivos familiares.

---

[7] Ver <www.viva.org>

¿Quiénes van a formar estos equipos?

En el evangelio de Marcos, capítulo 2.1–12, hemos visto cómo un pequeño grupo ayudó a un hombre con parálisis a tener un encuentro con Jesús, facilitando su acceso y literalmente rompiendo las barreras. No sabemos quiénes eran, quizás sus hermanos, vecinos o amigos. No conocemos nada acerca de ellos, si tuvieron o no los dones necesarios; pero sí vemos que hicieron un buen trabajo, de modo que la persona necesitada pudo acercarse a Jesús y ser sanada.

Nosotros también podemos ser eficaces. Creo que debemos ser multidimensionales en nuestras respuestas. En el mundo secular se habla mucho de los equipos multidisciplinarios, con médicos, terapeutas, trabajadores sociales, psicólogos, profesores y otros técnicos. Y como cada ministerio es diferente, con metas distintas, podemos ver equipos muy distintos dependiendo del tipo de ministerio u organización.

En las iglesias podemos ser más inclusivos aún. Además de todos los profesionales, podemos incluir miembros de la congregación que tienen un corazón dispuesto a servir y aprender. Deben ser personas maduras con las cualidades de paciencia, creatividad y mucho amor. Por razones de protección, hay que averiguar si son personas honorables y honestas, dignas de trabajar en un ministerio con personas que pueden ser vulnerables.

Los familiares de personas con discapacidad pueden formar parte de un equipo, pero solamente cuando ellos busquen la oportunidad. No todos van a querer una carga extra y muchos admitirán que no pueden hacer más y preferirán que otros los ayuden a llevar el peso y luchen por ellos.

Finalmente, como hemos visto en el caso de Mariela, algunas de las mismas personas con discapacidad también querrán ser incorporadas al trabajo, mientras que otras no aceptarán el reto. Es importante que respetemos estas diferencias; lo fundamental es dejar a la persona tomar sus propias decisiones. Y si quiere estar en un equipo de trabajo, se debe velar por su inclusión y la accesibilidad, para que pueda hacer las tareas. Como en muchas situaciones, es muy importante que consultemos con la persona y estudiemos sus propuestas.

Hay que investigar si los voluntarios con discapacidad tienen dones para el trabajo. Necesitamos averiguar en algunos casos si son personas idóneas para colaborar. Así como no todos tienen dones musicales, y por eso no los invitamos a ser parte del grupo de alabanza de la iglesia, lo mismo pasa en cualquier ministerio: identificamos el perfil de la persona y sus dones para ver si puede o no puede cumplir con la tarea. Pero debemos tomar en cuenta el lema "Nada de nosotros sin nosotros", famoso en los años 80 cuando empezaron los movimientos de personas con discapacidad para reclamar sus derechos en la sociedad. Cuando empecemos algo en la iglesia acerca de discapacidad, debemos tomar en cuenta la opinión de las mismas personas con discapacidad.

El ejemplo que vemos en Marcos 2, nos muestra la importancia de cada miembro de un equipo. Para alcanzar su meta, que era llevar al hombre con discapacidad a Jesús para que cambie su situación de vida, todos debían trabajar y tener fe. Era necesario su fe, algo espiritual, pero a la vez, sus acciones, sus obras. Entonces, no hay conflicto entre fe y obras, es una sola cosa, una meta, y cada persona comprometida tiene un papel importante.

Papel de la iglesia

El papel de la iglesia es muy importante. Dicen que un 15% de la población tiene una discapacidad, y estas personas viven en todos los barrios de todos los países. Como existen iglesias en casi todas las comunidades en América Latina, estas pueden ser lugares estratégicos para dar la bienvenida a personas marginadas. La iglesia puede ayudarnos a dar pasos bien orientados, coordinados por equipos y ministerios. Puede dar consuelo, mostrar compasión y apoyar a las familias.

En la historia de Mariela, que leímos al principio de este capítulo, ¿qué fue clave para mejorar su experiencia en la iglesia? Ella manifestó haber encontrado una iglesia dispuesta a dar el primer paso. Hace varios años, esta misma iglesia me invitó a dar una capacitación como parte de un proceso de accesibilidad. Ahora es una iglesia que sabe dar la bienvenida a personas como Mariela. Quizás no tiene todas las comodidades, pues no es una iglesia con muchos recursos financieros, pero cuenta con puertas anchas, rampas y un baño accesible. Sobre todo, sus miembros tienen buenas actitudes de inclusión, tanto en el pastor como en los otros líderes y los demás hermanos de la congregación.

Cuando unos años atrás empecé a trabajar por la inclusión de la niñez con discapacidad, me sentí muy perpleja pensando en cómo cambiar la situación. Yo soñaba con una iglesia inclusiva, pero cuando hablé con los líderes, pastores y miembros de algunas congregaciones, encontré lo que yo interpretaba como una falta de interés. Más adelante me di cuenta de mi error; no era falta de interés, sino carencia de estrategias y modelos. No podían avanzar porque no conocían las técnicas para dar los pasos, ni tenían, tampoco, una dirección bien pensada.

Poco después de mi primer intento para suplir estas necesidades, salió un afiche dirigido a las iglesias que querían incluir a la niñez con discapacidad. Los dibujos mostraban las ideas de inclusión e integración: niños con discapacidad jugando con los demás niños —como iguales—, sin importar sus discapacidades. El afiche fue publicado por *Viva* y, hasta hoy, más de dos mil ejemplares se han donado a las iglesias de América Latina a través de sus líderes y pastores, así como de otras personas interesadas en cambiar nuestra respuesta a la niñez con discapacidad. Esperamos que estas ideas sean tomadas en serio, y que la inclusión sea extendida a todas las personas con discapacidad: niños, niñas y adultos.

Pasos para incluir a la niñez con discapacidad en la iglesia

▶ *Identificar y conocer a los niños y las niñas con discapacidad de su iglesia y de su comunidad.* Es muy difícil obtener información y detalles, así que lo más urgente es ir y buscar los datos, quizás mediante una encuesta en la iglesia o visitando de casa en casa en la comunidad alrededor de la iglesia. Hay que derrumbar las barreras de la vergüenza o la desconfianza. Se debe preguntar con simpatía y explicar lo que se desea saber para hacer algo al respecto.

▶ *Dialogar con ellos y sus familias acerca de cómo mejorar su experiencia y participación en la iglesia.* La identificación tiene que ser seguida de un proceso de acercamiento. Se debe entrar en una relación y ganar la confianza a través del diálogo. Necesitamos escuchar mucho más a las familias para entender sus problemas específicos. No podemos planear acciones si desconocemos la situación. Insisto en que cada caso es diferente; por lo tanto, no existe "una talla única". Por ello, el trato debe ser individualizado.

▶ *Estudiar la Biblia para entender las razones por las cuales debemos incluir en la iglesia a las personas con discapacidad.* Como hemos visto en los capítulos anteriores, es un área de estudio muy poco enseñada en las instituciones teológicas. Repito el llamado a estas instituciones a fin de que preparen a nuestros pastores para incluir a personas con discapacidad. Adicionalmente, se necesitan más libros, artículos y recursos virtuales que provean una base bíblica al tema, y que sean accesibles a los líderes y congregaciones de nuestras iglesias.

▶ *Estudiar la ley de su país sobre igualdad de oportunidades para las personas con discapacidad para enseñarla y aplicarla en la iglesia.* Aunque tenemos leyes, muy pocas personas las entienden; además, hemos sido muy lentos en su aplicación. Tenemos que cambiar nuestras actitudes y reconocer que las leyes deben ser obedecidas. No podemos dejar que las iglesias den un mal ejemplo, especialmente cuando vemos que Dios mismo defiende a las personas con discapacidad.

▶ *Elaborar las adaptaciones necesarias para recibirlos en las instalaciones y los programas de la iglesia.* Recuerde que las discapacidades pueden ser físicas, intelectuales o sensoriales. En el siguiente capítulo, estudiaremos con más detalle cómo realizar las adaptaciones y qué quiere decir "adecuación" en los diferentes casos. Veremos ejemplos de diferentes situaciones, pero se debe recordar que no existen reglas absolutas. Cada persona es un individuo y sus necesidades pueden ser variadas.

▶ *Tener en cuenta las necesidades pastorales y emocionales de las familias y otras personas que cuidan a los niños y las niñas.* Vamos a ver cuán vital es este trabajo pastoral. Si no podemos hacer nada más, debemos hacer algo para apoyar a los miles y miles de familias que están sufriendo soledad y aislamiento, pese a asistir a una iglesia evangélica o a vivir a la vuelta de una iglesia.

▶ *Buscar personas para acompañarlos durante las reuniones y actividades de la iglesia.* Motive a los demás niños y niñas a tener amistad con ellos. Es muy importante la formación de equipos de personas que puedan compartir el trabajo y mostrar a las familias disposición de colaborar con ellas.

▶ *Motivar actitudes y comportamientos positivos en los programas de la niñez y adolescencia de la iglesia, para promover la mayor aceptación de los niños con discapacidad.* La inclusión no es automática; Se debe preparar y capacitar a todos para recibirlos con empatía.

▶ *Evaluar los programas de educación cristiana, para saber si los conceptos y el lenguaje que manejan son adecuados en relación con las personas discapacitadas.* Un buen lugar para empezar es la educación en la iglesia y el lenguaje que usamos. Si queremos cambiar actitudes, debemos empezar por nuestras palabras. Tenemos que ser congruentes, no podemos decir una cosa mientras hacemos algo diferente.

▶ *Incluir en los planes de la iglesia la celebración del Día Internacional de las Personas con Discapacidad, el 3 de diciembre de cada año.* Es un buen pretexto para llamar la atención de toda la congregación. No debemos mostrar a las personas con discapacidad como "especiales", sino celebrar su lugar en la comunidad. Podemos aprovechar la fecha para inaugurar algún cambio o empezar un proyecto para mejorar la inclusión de ellas.

Este afiche fue un esfuerzo por cambiar actitudes, acciones y vidas. Hoy podemos mejorarlo y apuntarlo aún más a las áreas que necesitan ser cambiadas.

En el siguiente capítulo, consideraré en mayor detalle cuáles son las adaptaciones y estrategias que la iglesia puede hacer.

Para reflexionar

▶ Si su iglesia ya ha dado los primeros pasos, ¿cómo ha sido la experiencia? ¿Qué ha hecho y cómo ha sido la reacción de la congregación?

▶ ¿Cómo se puede mejorar la respuesta? ¿A qué se compromete desde ahora?

▶ En caso de que su iglesia todavía no haya empezado la "caminata", y sea ésta la primera vez que ha leído acerca de los posibles pasos, ¿cuál es su reacción? ¿Ayudaría a formar un plan para su iglesia?

▶ ¿En su iglesia se cuenta con personas que pueden estar interesadas en formar parte de un equipo de trabajo? ¿Qué puede hacer para unirlas y empezar a planear juntos?

▶ Tome algunos minutos para orar por la situación descrita a la luz de estas preguntas.

▶ Y finalmente, ¿cómo puede celebrar el Día Internacional de las Personas con Discapacidad en su iglesia?

Capítulo 8

Un predicador pregunta: "¿Quién quiere alabar al Señor?",
pero no considera que en el servicio hay una persona con discapacidad para oir.

Facilitando el caminar

Modelos y estrategias para la inclusión de personas con discapacidad

En nuestra preparación para la caminata con la persona con discapacidad, hemos aprendido a ver en ella a una persona como todas. Pero ¿qué exactamente debemos hacer para ayudarla a caminar con nosotros y no quedarse al inicio, sin poder avanzar, mientras empezamos la aventura? No queremos dejarla atrás, no deseamos excluirla. En este capítulo, queremos dar algunas pautas y recomendaciones para la inclusión de personas con diferentes tipos de discapacidad.

Cuando se habla de inclusión, debemos tener en cuenta que el término enfatiza a la persona. Reconoce las adaptaciones necesarias para su participación, las cuales pueden ser muy particulares. Pero no son opcionales si queremos ser discípulos de Jesús. En el libro *Una iglesia de todos y para todos* publicado por la Red Ecuménica en Defensa de las Personas con Discapacidad, el año 2006, se dice: "La integración de las personas con discapacidad en la iglesia da testimonio del amor de Dios expresado por todos sus hijos e hijas. Atender e incluirlos plenamente no es una opción de las iglesias de Cristo; es la característica que define a la iglesia".

Un punto que no ha sido bien entendido es la importancia de la anticipación. He escuchado a muchos miembros de congregaciones decir que no tienen a nadie en su iglesia con discapacidad, y que por eso no ven la necesidad de adaptar su infraestructura. El problema es que si esperamos hasta que lleguen a nuestra iglesia, podría ser demasiado tarde. Sería muy malo llegar al supermercado y descubrir que no hay arroz cuando queremos comprarlo. Y si, además, al conversar con el dueño, él dice que nadie ha ido hasta ahora a comprar arroz, razón por la cual no lo tiene, pero que habrá dentro de dos meses, ¿esperaremos o iremos a otra tienda? Si queremos mostrar el amor de Dios y dar la bienvenida a las personas con discapacidad en nuestra iglesia, debemos empezar a realizar las adaptaciones con anticipación.

Seamos naturales

Para tratar con respeto a la persona con discapacidad, no tenemos que dejar nuestro sentido de humor. Podemos cometer un error si somos demasiados serios con ellos y si no los tratamos con naturalidad. El vivir con dolor, estar por mucho tiempo en hospitales o depender de otros para limpiarse la nariz, no se asocia con sonrisas o carcajadas, pero he encontrado que muchos de mis amigos que viven con discapacidad mantienen intacto este sentido. Además, es una de sus estrategias para mantener su equilibrio. Debemos ser discretos al indagar detalles personales para incluirlos, pero, para nuestros amigos, ¡es esencial tener un buen sentido de humor!

Una vez escuché contestar preguntas a un amigo, Rodolfo, quien no tiene piernas. Las perdió en un accidente de tren cuando era joven, y usa una silla de ruedas porque las prótesis son muy incómodas. Muy amablemente, aceptó contestar las inquietudes de un grupo de mis estudiantes. Un muchacho preguntó: "¿Cómo se baña?". Sin pensar, Rodolfo contestó: "Con agua y jabón, igual que usted". La consulta o indagación es un arte, de modo que las preguntas deben ser bien pensadas.

La igualdad es un hecho, todos somos seres humanos, sólo que con algunas diferencias. Este mismo pensamiento nos puede dar una pista cuando empecemos a poner en práctica la inclusión. Aunque existan diferencias en cada una de las personas, tenemos mucho en común. Ahora consideremos las necesidades particulares y cómo eliminar todo tipo de barrera.

Individuos y grupos

Aunque ponemos más énfasis en los individuos, hay que pensar también en los grupos de personas con discapacidad que pueden tener mucho en común, como personas usuarias de sillas de ruedas o personas sordas. No obstante, entre dos personas que usan sillas de ruedas puede haber también diferencias, lo mismo que en sus necesidades.

Debemos tratar a la persona pensando en su edad y contexto. Una persona de 30 años no debe ser tratada como una niña, aunque no pueda controlar su boca o sus manos. No presumamos que ella no entiende si no contesta una pregunta. La persona merece un trato respetuoso de acuerdo con su edad cronológica y no basada en nuestros sentimientos. Al principio, podemos sentir pena o lástima, pero esto no ayudará a la persona. Nuestra amistad genuina es la mejor expresión de inclusión.

Cambios

Antes de pensar en cambios, es importante realizar un diagnóstico de la arquitectura del edificio de su organización o iglesia. También hay que enfocarse en los medios de comunicación, en el uso del lenguaje y en las actitudes mostradas por los usuarios del local. Si es una organización o ministerio, pueden revisar sus políticas y sus documentos para ver si son inclusivos. Es importante velar por la capacitación del personal para que todos puedan interactuar con personas con discapacidad, sin ofenderlas ni excluirlas. Si la iglesia tiene miembros con discapacidad, es primordial informarse de cada caso con cada persona afectada o con la familia.

No olvidemos que lo más importante siempre es nuestra actitud. Podemos hacer todas las adaptaciones, pero no avanzaremos si no tenemos una actitud abierta y positiva. Como dice el apóstol Pablo, podemos tener fe y mucho más, pero no somos nada si nos falta amor (1Co 13). Mientras no estemos totalmente convencidos y hagamos cambios con buena voluntad —con amor por nuestro prójimo—, no veremos los resultados esperados. Pero la contraparte son los conocimientos requeridos. Las buenas actitudes no son suficientes, pues necesitamos saber cómo ayudar.

Soluciones creativas para la inclusión

La manera de dar soluciones a los problemas de exclusión dependerá de los recursos de la iglesia y su contexto. Una iglesia en el centro de una ciudad grande con muchos profesionales en su congregación, quizás pueda tener acceso a equipos importados de alto valor, pero los miembros de esta iglesia pueden tener menos tiempo para prestar su servicio en comparación con los de una iglesia de pueblo, donde la congregación es humilde y sin recursos económicos. Sin embargo, en una iglesia de pueblo no sólo es posible encontrar miembros con tiempo para acompañar a personas con discapacidad, sino también personas con experiencia en trabajo artesanal, quienes pueden fabricar equipos de acuerdo con las necesidades específicas de esas personas. En México, un grupo que se llama "Prójimo" ha desarrollado un proyecto muy lindo en el campo. Muchas personas que trabajan en este proyecto son personas con discapacidad. Ellas utilizan su experiencia, usan materiales baratos de su ambiente o de reciclaje. Fabrican y adaptan aparatos como sillas de ruedas, equipos, sillas, camillas y juguetes.

Las leyes nacionales

Muchos de los consejos de este capítulo se basan en el documento *Through the Roof*[8], elaborado para ayudar a las iglesias de Inglaterra en su afán de incluir a las personas con discapacidad. Debemos tomar en cuenta las leyes nacionales e internacionales. Antes de hacer un diagnóstico de su iglesia, es importante conseguir una copia de la ley nacional acerca de la igualdad de oportunidades para las personas con discapacidad o algo semejante. Los detalles son importantes, porque si no se los observa, se puede construir algo para después tener que derrumbarlo. Un ingeniero puede ayudar a entender los detalles; sin embargo, el experto más importante es la persona con discapacidad. Sería muy importante incluir a cualquier miembro de la iglesia que tenga una discapacidad para que asesore en el trabajo en equipo.

Categorías de discapacidad

En el capítulo 2, explicamos que las discapacidades se pueden clasificar en tres grupos: a) físico-motora, b) sensorial, y c) cognitivo-emocional o conductual. Para cada grupo, voy a dar algunas pautas de cómo relacionarse con las personas con discapacidad. Nos ayudará a quitarnos los miedos tener algunos conocimientos acerca de cómo interactuar con ellas. Es fundamental averiguar con la misma persona sobre su caso; nunca debemos saltar este paso. También se debe tener presente que una pregunta respetuosa vale mucho más que algunas acciones bien intencionadas. Asimismo, hay que tener en cuenta que, especialmente cuando no tenemos muchos recursos, debemos usarlos estratégicamente.

---

[8] <www.throughtheroof.org/>

En cada grupo, se divide la información en dos partes:

- Lo que debemos hacer para quitar barreras; y
- lo que podemos hacer para mejorar nuestra comunicación y desarrollar relaciones interpersonales.

a) Personas con discapacidad físico-motora

Cómo promover su inclusión

No todos tienen discapacidades que les impidan caminar. Algunos muestran otras condiciones, como la falta de brazos o manos, o epilepsia. Asimismo, pueden presentar alguna condición de salud que afecta todo su cuerpo pero que no es visible. En general, hay que velar por un ambiente sin barreras, para que cualquier persona pueda acceder a los diferentes lugares.

En el caso de personas con limitaciones funcionales físicas, se debe tomar una serie de medidas, como las que mencionamos a continuación:

- Todas las puertas han de ser lo suficientemente anchas y fáciles de abrir.
- Poner rampas o ascensores.
- Colocar pasamanos o agarraderas en la pared, especialmente donde hay gradas o rampas.
- Quitar cualquier barrera en los pasillos.
- Señalar en los lugares de estacionamiento espacios reservados para personas con discapacidad (si la iglesia cuenta con uno).
- Construir servicios sanitarios accesibles, con espacio suficiente para girar en una silla de ruedas y con lavamanos y llaves accesibles. Asimismo, con manijas fáciles de usar para una persona que no tiene mucha fuerza.
- Dejar espacios cerca de la entrada del templo para las sillas de ruedas; asegurarse de saber cuál es el lugar donde la persona prefiere estar —ella tiene derecho de escoger su lugar, y no todas quieren estar al frente—.

▶ Proveer sillas con brazos para las personas que pueden caminar pero necesitan ayuda para ponerse de pie.

Hay que pensar en todos los lugares públicos del templo o local. Por ejemplo, el acceso al templo es importante, pero también el ambiente donde se ofrece consejería y el lugar donde se predica. De no hacerlo así, podríamos excluir a las personas en silla de ruedas que tienen preparación teológica y dones de enseñanza o pastoreo.

Dar bienvenida a las personas con discapacidad físico-motora

Aunque la persona con discapacidad física puede tener una mente brillante, muchas veces no nos damos cuenta de su real situación, con sus ventajas y desventajas. Hay muchos estereotipos que inconscientemente nos impiden ver como seres humanos a aquellas personas con discapacidad física. Por ejemplo, es un mito que todos los usuarios de las sillas de ruedas también se encuentren afectados de su mente. Muchas veces no confiamos en ellos y pensamos que no pueden conversar, o que tienen serios problemas cognitivos. Cometemos un error si dirigimos nuestras preguntas a su acompañante en vez de averiguar cómo prefiere comunicarse. Es más, sin querer podemos ofenderla.

Poco a poco, nos estamos acostumbrando a ver personas en sillas de ruedas, pero todavía necesitamos cambiar nuestra actitud y empezar a tratarlas de igual manera que a las demás. Si en realidad no puede hablar o entender la pregunta, pronto nos daremos cuenta y entonces podemos dirigirnos al asistente. Pero la regla de oro es no dar por sentado esto, sino preguntar con mucho respeto. Si se va a conversar con una persona en silla de ruedas, es más amable "sentarse" a su lado para estar al mismo nivel y facilitar el contacto visual. Pero recuerde que la silla de ruedas es parte del espacio personal de la persona; no debe mover la silla sin permiso, ni recostarse sobre ésta ni tampoco dejar que los niños jueguen con ella.

Como hemos mencionado, es importante consultar con la persona. Hay muchas situaciones de las que no estamos enterados.

Quizás la persona necesita una dieta especial o ayuda específica (por ejemplo, una persona de crecimiento restringido podría necesitar una silla más baja).

b) Grupo de personas con discapacidad sensorial

Mayormente se dividen en dos grupos: los que tienen limitaciones de oído y quienes presentan problemas de visión. A veces encontramos a personas con limitaciones en los dos sentidos, como el famoso caso de Helen Keller, o con dificultades en el tacto o el olfato. Es importante tomar nota de que muchas personas están en proceso de perder uno de sus sentidos, y sólo tienen restos de su vista o su oído. En el primer caso, ya no pueden leer sin ayuda, y en el segundo, tienen dificultad para escuchar la prédica.

Personas sordas

Cómo promover su inclusión

En el caso de una persona con sordera o hipoacusia (pérdida auditiva parcial), lo que se presenta como obstáculo mayor es la comunicación. Las personas sordas no se sienten incluidas porque con frecuencia no tenemos paciencia para comunicarnos con ellas y buscar su participación. Esta situación ha llevado a un buen número de personas sordas a iniciar ministerios especializados para ellas; en estos casos, nos privamos de su presencia y de sus dones.

Si la integración total, por la forma en que se da, limita el desarrollo de las personas sordas, hay lugar para ministerios especializados, pero no deben estar separadas totalmente de los demás miembros de la iglesia, pues sin su presencia en nuestras iglesias, podemos perder sus dones expresivos. Vemos otra vez que todo depende de nuestra actitud, si queremos incluirlos o no. Pero depende también de la actitud de nuestros hermanos sordos: ellos tienen que desear la unidad y la expresión del cuerpo de Cristo, aunque les cueste entendernos.

Para facilitar su inclusión, necesitan bastante luz, porque dependen del uso de su vista para leer labios, ver señas y gestos. Asimismo, aunque no todas las personas sordas pueden leer, es importante elaborar letreros claros y grandes para indicar lugares como los baños, la oficina, la cocina, la salida. Esto reduce la cantidad de estrés para la persona nueva que tiene un problema de comunicación verbal.

La gradación del volumen es importante porque, al contrario de lo que pensamos, un volumen muy alto no ayuda y, más bien, puede ser una barrera al distorsionar el mensaje terriblemente. Para que la persona con hipoacusia pueda captar lo máximo de acuerdo con su condición, necesita que no haya ruidos extraños. Se puede investigar si el volumen de la alabanza afecta negativamente a la persona sorda y ajustarlo. Si la iglesia cuenta con un equipo de computadora con pantalla, se puede aprovechar para poner allí la letra de las canciones o el bosquejo de la prédica o las citas bíblicas. Asimismo, es importante reservar lugares en las primeras filas para que la persona sorda pueda observar con claridad al intérprete y a las demás personas que participan en la reunión. Evite caminar entre las personas sordas y el traductor. El uso de celulares o computadores es particularmente interesante, pues muchas personas sordas pueden comunicarse bien usando texto.

Cómo mejorar la comunicación

Es fascinante ver a las personas sordas comunicándose con las manos y gestos. Hace poco estuve presente en una conferencia donde el conferencista era un creyente sordo. Nosotros, los oyentes, nos sentíamos como personas discapacitadas y limitadas porque no entendíamos su lenguaje y necesitábamos de un intérprete para disfrutar su ponencia. Por este motivo, si en su país se presentara la oportunidad de aprender el lenguaje de señas, ello sería una muy buena iniciativa. Existe una propuesta para que este lenguaje se enseñe en las escuelas a todos los estudiantes, tal como otros idiomas. ¡Sería genial!

Entre las personas profundamente sordas desde el nacimiento, existe una cultura bien desarrollada basada en el uso del lenguaje de señas. Debemos reconocer y respetar esta cultura, pero, sobre todo, aprender a valorarla.

Lastimosamente, el lenguaje de señas no es universal y cada país —entre ellos los países donde se habla español— tiene su versión. Sin embargo, poseen puntos comunes. Existe, además, un lenguaje basado más en los gestos y el lenguaje corporal, que permite mucha comunicación universal.

A pesar de que no todos conocemos el lenguaje de señas, podemos comunicarnos con la persona sorda, pues muchos de ellos usan audífonos, saben leer nuestros labios y leen el lenguaje corporal que todos usamos. Lo ideal sería que aprendamos el lenguaje de señas o contemos con la ayuda de un intérprete; pero, de cualquier forma, todos podemos lograr una comunicación básica.

Recordemos también que algunos nacieron sordos y que otros tienen restos de oído. Por ello, es importante conocer a cada niño, niña o adulto con sordera e investigar qué puede oír y qué no, y su preferencia para la comunicación.

Si quiere comunicarse con una persona sorda, es importante que le indique cuando quiera comunicarse con ella (quizás tocando su brazo o su espalda). Busque un lugar con bastante luz y poco ruido, porque, para comunicarse mejor, las personas sordas necesitan ver la cara, los gestos y las manos de la otra persona.

Pronuncie las palabras con naturalidad, pero claramente. No tape su boca con la mano. Hable directamente con la persona sorda y no con su amigo o acompañante oyente. Hable con claridad, pero no grite, porque así se distorsionan las palabras. Si no logra darse a entender, inténtelo de nuevo usando palabras muy concretas y más sencillas. Evite el uso de frases largas y palabras que no son muy comunes. Busque gráficos para ilustrar sus palabras o los conceptos que desea comunicar (utilice dibujos, símbolos, fotos y otros). Para los que saben leer, se puede escribir el mensaje en pocas palabras. Use su expresión facial y corporal, puede ser la mejor forma para comunicarse. No tenga vergüenza de hacerlo. Si no funciona, busque la ayuda de otra persona de la familia. Finalmente, tenga paciencia e inténtelo de nuevo en cada oportunidad. Si expresamos con nuestra actitud, amor e interés genuino, la persona sorda se sentirá mejor.

Personas invidentes o con poca visión

La situación de los que nacen invidentes es muy diferente de la de aquellos que pierden la vista en un accidente o por causa de una enfermedad. Algunos dicen que es mejor haber tenido la experiencia de ver el mundo para poder imaginar las cosas (como un árbol con flores amarillas, por ejemplo). Otros afirman que es una ventaja nunca haber tenido vista, porque es más natural usar sus otros sentidos y no lamentan la pérdida de algo que nunca tuvieron.

La persona invidente investiga su mundo con sus otros sentidos, especialmente usa sus dedos y oído. No puede depender del sentido de la vista, aunque todavía tenga restos de ella. La experiencia de perder la vista gradualmente, también permite la posibilidad de adaptarse lentamente, en el transcurso del tiempo. Pero quizás lo más difícil sea perder este sentido (o cualquier otro) de golpe.

Como tiene que depender mucho más de sus otros sentidos, es muy importante controlar el volumen de ruidos alrededor. Estos pueden afectar la manera en que captan señales auditivas que normalmente nosotros no necesitamos. Este balance entre un volumen suficiente para todos y menos ruido que cause confusión, es algo que depende de la persona. Debemos conversar con ella y conocerla para llegar a este punto.

Cómo promover su inclusión

Los problemas no son tanto de comunicación sino del manejo del mundo alrededor. Sin embargo, la dificultad para leer puede ser la barrera más grande que notamos en la iglesia, dado que dependemos mucho de la Palabra de Dios en forma escrita. Tradicionalmente, se ha enseñado a los niños y las niñas invidentes la técnica del sentido táctil Braille, pero hoy se nota una disminución en su uso en favor del empleo de computadoras y sistemas de voz. El costo elevado de una computadora es un obstáculo, especialmente cuando nos damos cuenta de que la gran mayoría de personas con discapacidad son pobres. Otra desventaja de la computadora es que, aunque muchas personas ciegas saben usarla, necesitan más tiempo para "navegar".

Debemos ofrecer porciones de la Biblia, y también otros textos, en un formato alterno como Braille, o en audio. En algunos lugares, es posible editar una versión de un documento en braille. Deben evitarse trabajos extensos, porque naturalmente cuesta mayor esfuerzo "leerlos". La información que preparamos debe ser concisa. También el uso de una grabadora puede ser muy útil.

Es importante, en el contexto de la educación, que no dependamos demasiado del uso de presentaciones visuales, porque así la persona ciega pierde gran parte de la información. Si usa una presentación en PowerPoint, ésta debe ser bien explicada verbalmente. Adicionalmente, se puede preparar algo en audio para reforzar la enseñanza. Recordemos que otras personas pueden ver un poco mejor pero tienen problemas para leer textos, y necesitan algo como una lupa o un equipo que amplíe el tipo de letra del documento. Generalmente se aconseja usar un tipo de letra mayor de 16 (aunque muchos pueden ver sólo cuando el tipo de letra es tamaño 30) y en *san serif*, o sea, sencillo, sin adornos. En presentaciones en una pantalla, por ejemplo para las canciones, se debe utilizar un texto en letra minúscula en lugar de mayúscula, porque un texto en mayúscula no es tan claro como en minúscula. Normalmente, es más fácil leer un texto si la letra está en color negro y sobre fondo blanco o amarillo claro. De todas maneras, se debe consultar con la persona con limitaciones para saber cuál combinación funciona mejor.

Hay que reservar los primeros asientos o carpetas en el aula o en el templo para los que tienen poca capacidad visual. En un aula, los estudiantes con limitaciones visuales pueden ver mejor si están cerca y con la luz adecuada, pero es esencial variar los métodos de enseñanza agregando elementos auditivos en lugar de visuales. Por ejemplo, si se quiere estudiar historia del siglo xx, se pueden mostrar fotografías de personas claves y famosas, pero también usar grabaciones de sus voces.

Vigile que los pasillos y las puertas no tengan obstáculos, como plantas, sillas u otros objetos en medio del camino. Es mejor evitar muchos cambios sin dar aviso a la persona ciega, dado que ésta depende de su memoria para ubicarse. Es muy importante tener bastante luz en todas las áreas.

Algunas personas en América Latina se acompañan de un perro guía. Es importante entender que este perro no es una mascota, ni un juguete, sino un ser que ocupa el muy importante lugar de asistente personal. Cuando sale con su amo, está trabajando y nadie debe jugar con él, ni distraerlo. Los perros guías son altamente entrenados y saben manejar todas las situaciones, así que se les debe permitir entrar en todo lugar. En el contexto de la iglesia, se puede preguntar al amo si su perro necesita agua, pero normalmente no come durante sus labores.

Lo importante es investigar junto con la persona cómo resolver cualquier problema que la excluya de las actividades de la iglesia. Si ésta no cuenta con muchos recursos, puede buscar personas para grabar textos de la Biblia u otro libro. Una grabación casera, hecha por alguien con tiempo y disposición (que puede ser otra persona con discapacidad o una persona mayor de edad), puede hacer la diferencia entre la exclusión y la inclusión.

Relaciones interpersonales

Algunas pautas que pueden ser importantes:

Cuando empezamos una conversación con alguien no vidente, es muy importante el uso de los nombres. En el contexto de la iglesia o de un ministerio, podemos dar la bienvenida a muchas personas, pero si alguien no puede ver, necesitará que le presenten a las otras personas del lugar para poder identificarlas. Si estamos en conversación con varias personas, es importante indicar quién está hablando, y si alguien sale, debe despedirse formalmente.

A las personas invidentes sin perro guía, se les puede preguntar si necesitan ayuda para encontrar la entrada o salida, o para orientarse por el local. Muchas usan un bastón blanco para tocar el suelo, los muebles y los obstáculos; pero podemos ofrecerles nuestro brazo u hombro para ayudarlas. Nunca jale a la persona por su brazo, espere a que ella tome el suyo. No es necesario describir todo, sino caminar con la persona invidente en una forma natural.

Si sale por la calle o por lugares difíciles con una persona invidente, no grite "¡Cuidado!" cuando encuentren un obstáculo. Eso no resolverá el problema, mejor describa en voz baja y en forma concreta el obstáculo que se encuentra enfrente de la persona. Para ayudarla a sentarse, es suficiente guiar su mano a la espalda de la silla.

Si va a comer con una persona invidente, indíquele la posición de los cubiertos, los platos, el vaso y los alimentos. Puede usar "la técnica del reloj" para hacerlo. Ésta consiste en ubicar las cosas guiándose por las posiciones de los números de un reloj. Por ejemplo, si se trata de un plato de comida, dígale que el arroz se encuentra a las 6, la carne a las 12, la ensalada a las 9 y los frijoles a las 3.

Muchas veces quedamos sorprendidos por la independencia de las personas invidentes. No debemos sobreprotegerlas ni tratarlas como niños. Muchos de mis amigos manejan muy bien la tecnología, pueden cocinar, movilizarse y participar de todas las áreas de la vida. Al mismo tiempo, la manera en que mostremos cuidado debe ser una señal del amor cristiano.

Las personas sordociegas

No podemos terminar esta sección sin comentar, brevemente, sobre la persona sordociega. Es una condición relativamente infrecuente, que se da en algunos niños por una infección de sarampión de la madre mientras estuvo en su vientre, y en otros casos por otras enfermedades, o por algún problema congénito en el desarrollo de su cuerpo. Si hay algo que me parece particularmente difícil, es este caso. Perder un sentido parcial o completamente presenta un reto, pero perder los dos es casi como "encarcelar" a la persona dentro sí misma sin derecho a una vida social. Sin embargo, muchas personas han logrado superar esta situación y usan el tacto para comunicarse. El caso más famoso es el de Helen Keller. Es significativo reconocer que ella solamente pudo salir de su "cárcel" y desarrollarse con la ayuda de su maestra Anne Sullivan. Antes de la llegada de ella, usaba algunas señas pero no podía educarse, y pasaron años antes de que alguien creyera en ella y su capacidad. Fue un largo proceso, pero

Helen Keller logró sacar un bachillerato y escribió libros. De hecho, es un área muy especializada. Asimismo, con mucha frecuencia las personas adultas mayores pierden claridad en ambos sentidos, en la vista y el oído. Hay que ver las recomendaciones para los dos casos e intentar darles las mejores condiciones para aprovechar los restos de oído y de visión que les queda.

c) Grupo de personas con discapacidad cognitiva

Como promover su inclusión

Este es el grupo más marginado en todo el mundo, mucho más que las personas con otras discapacidades. Las personas que tienen esta discapacidad provocan miedo, desconfianza, hasta un sentimiento de vergüenza, y muchas veces no queremos estar con ellas. No es natural querer ser amigo o amiga de alguien que conversa con dificultad, que no entiende rápidamente los chistes, que hace bulla cuando los demás mantienen silencio, que llama la atención en lugares públicos con ciertas acciones repetitivas, o que, simplemente, no se adecúa a las reglas sociales. Mientras todos los demás pueden ser incluidos con algunas adaptaciones, este grupo de personas nos deja confundidos. ¿Cómo podemos invitarlas a ser parte del cuerpo de Cristo?

En la historia se desarrollaron varios intentos de respuesta a este desafío. Uno de ellos se dio a través del concepto de comunidad. Es muy atractiva la visión de una comunidad donde los paradigmas de poder y adquisición de riquezas y las construcciones sociales son diferentes, pero en la práctica representa un reto casi imposible de cumplirse. Pocos han vivido así, y los intentos se han visto mayormente en la Iglesia Católica Romana. No es una sorpresa, entonces, descubrir que uno de los ejemplos actuales más hermosos empezó en una comunidad católica en Francia: L'Arche (el Arca), que creció con una idea sencilla. Los miembros permanentes de la comunidad son personas con discapacidad, mayormente cognitiva, pero algunas con discapacidad múltiple. Estas personas forman el corazón de la comunidad. Están en el centro, en relación con Dios y con los demás miembros de la comunidad. Otras, muchas de ellas voluntarias, viven en igualdad con las personas con discapacidad, comen la misma comida en la misma mesa, comparten una vida espiritual, oran juntas, viven en cuartos compartidos y pasan sus días en actividades según sus habilidades. Algunas viven en la comunidad por meses, otras por muchos años.

Henri Nouwen, un gran teólogo, descubrió verdades muy profundas de su relación con Dios a través de su experiencia de vida en una de esas comunidades. Henri nos lo cuenta en su libro *Adam, amado de Dios*[9]. En aquel lugar fue responsable de un joven llamado Adam. Con él obtuvo un aprendizaje que nunca podría haber logrado en alguna universidad. Su relación con Adam, quien no podía hablar ni caminar, empezó a cambiarlo. En la comunidad, con espacio y tiempo para la reflexión y la contemplación, Henri pudo sanarse de algunas heridas, y dice que Adam fue parte de todo el proceso. La amistad que se desarrolló entre los dos fue clave en su crecimiento espiritual.

Muchos de los conceptos que Henri Nouwen aprendió durante su tiempo en L'Arche los podemos transferir a nuestras iglesias. Estos son respeto mutuo, paciencia, tiempo, tranquilidad, aprecio, amistad, transparencia, espiritualidad y un amor genuino. Sin embargo, nos deja con una contradicción, pues hemos dicho que la meta es la inclusión, y este modelo suena mucho más a exclusión. Es una segregación benigna, pero no una inclusión total en la sociedad. Sólo los que visitan lugares como la comunidad de L'Arche pueden experimentar la amistad que Henri tuvo con Adam. Por otro lado, comunidades de este tipo son poco sostenibles en países en desarrollo. Pero, por encima de todo, creo que la iglesia pierde una oportunidad única de recuperar la esencia de la vida, dejando todo el materialismo que amenaza nuestra relación con Dios. Necesitamos tener más contacto con las personas con discapacidad cognitiva, para aprender de ellas algunos de los valores del reino de Dios.

---

9 Henri Nouwen, *Adam, al amado de Dios*, Madrid: PPC, 1999.

En una persona con discapacidad cognitiva, se presenta como dificultades todo lo que se relaciona con actividades intelectuales, como leer, escribir y razonar, pues sus capacidades para pensar y procesar información disminuyen considerablemente. Lo mismo ocurre con sus habilidades para la comunicación, como comprender lo que se dice y responder. También disminuyen sus destrezas sociales con los compañeros, los miembros de la familia, los adultos y con otras personas en general. Además, cuando el grado de su discapacidad es mayor, se ven afectadas todas sus actividades de la vida diaria, tales como vestirse, comer e ir al baño.

Los principales retos se relacionan con la comunicación, la atención (muchos tienen déficit de atención o hiperactividad), la asimilación y retención de información, la adaptación adecuada con las enseñanzas y la socialización (algunas pueden presentar conductas inadecuadas).

Nuestras actitudes tienen que ser positivas. Aunque reconocemos los retos, podemos ver muchas posibilidades. No se necesitan grandes adaptaciones físicas ni equipos muy sofisticados. Se debe recordar que la discapacidad intelectual puede presentarse en diferentes grados. En algunas personas es muy leve, mientras que en otras es severa o profunda. Muchos en este grupo pueden leer, escribir, tocar instrumentos, pintar, cocinar, cantar, nadar, hacer deporte, orar y participar en la vida en todo sentido. Aunque, en general, sus reacciones son más lentas, requieren más tiempo y energía para pensar y procesar e interpretar la información. Pero la barrera más grande es nuestra actitud; debemos preguntarnos: ¿queremos incluir a estas personas aunque nos cueste paciencia y esfuerzo?

Tres objetivos importantes de nuestro trabajo

1. Necesitamos construir relaciones con las personas con discapacidad intelectual, sobre la base de nuestro entendimiento del valor de la persona y no tanto por sus capacidades. Para esto, se requiere de un cambio de estilo y de creatividad para buscar puntos de contacto e intereses comunes y mucha humildad de espíritu. Debemos reconocer que la persona con

síndrome Down, por ejemplo, tiene cualidades y dones. Puede ser la persona más natural y honesta, la que se expresa con más transparencia. Estamos acostumbrados a pensar negativamente cuando no conocemos alguien con esta discapacidad, pero, como le pasó a Nouwen, nos pueden sorprender.

2. Debemos fomentar y fortalecer su relación con Dios, mostrando y comunicando con nuestras acciones y actitudes el amor incondicional de Dios, su presencia con ellos. Nada habla más alto que nuestros hechos. No podemos esconder malas actitudes, así que oremos con humildad por el amor divino y la sabiduría para comunicar ese amor. Esto nos obliga a examinar nuestra vida espiritual. ¿Tiene una fragancia atractiva? ¿Muestra el amor auténtico de Cristo?

3. Finalmente, busquemos desarrollar su relación con la iglesia; puede ser en grupos pequeños, en la escuela dominical o con toda la congregación. Podemos ser el puente entre los miembros de la iglesia y la persona, para que ella llegue a formar parte de la iglesia tal como es. Se necesitan personas que los conozcan para facilitar su inclusión, personas que den consejos sencillos a los líderes. También alguien que pueda defenderlos si surgen pequeños problemas o malos entendidos.

Caben las siguientes pautas para trabajar con las personas con discapacidad intelectual:

▶ Aun cuando tengan el mismo síndrome, como el Down, cada persona es única y diferente. Es preciso dejar de lado los estereotipos.

▶ Generalmente no manejan bien las indicaciones verbales o escritas. Retienen mejor las imágenes que las palabras. Por lo tanto, se necesita usar apoyos visuales, dibujos, fotografías, más que indicaciones o trabajos escritos.

▶ Siempre se les debe ofrecer ayuda cuando se vean confundidas o en dificultad, y ayudarlas en situaciones de peligro. No siempre se darán cuenta de los peligros, como en el uso de tijeras, por ejemplo.

- No hay que ser impaciente. Se les debe dar más tiempo para responder o realizar alguna tarea. Muchas veces necesitarán que les repitan las instrucciones varias veces.

- Si son adolescentes, hay que tratarlas como tales y no como niños o niñas. No debemos dejarlas en el aula de bebés.

- Se debe ser comprensivo en caso de que no se den cuenta de las normas de la iglesia.

- Hay que pensar en su seguridad en caso de emergencia.

- Muchas de las personas con discapacidad tienen dificultad para expresarse verbalmente. En estos casos ayuda repetir las frases que intentan expresar, pero en la forma correcta (no se repite el error, sólo la manera correcta de expresar la frase).

- Se les debe dar información de una forma muy sencilla, clara y concisa, enfocando un asunto a la vez.

- La persona con discapacidad cognitiva puede presentar desorientación y tensión emocional ante escenarios y personas nuevas. Si es la primera vez que visita la iglesia, hay que estar más tiempo con ella y hacer un recorrido por las instalaciones para que conozca el templo. Luego, se le debe presentar a todas las personas que van a estar con ella.

Peligro de abuso

Las personas con discapacidad intelectual son muy vulnerables ante cualquier abuso, sea verbal, emocional, físico o sexual. Para estas personas, es más difícil reconocer una ofensa, y si lo hacen, es posible que no puedan comunicar el hecho por su falta de habilidad verbal. Por este motivo, necesitan mejorar su vocabulario para poder expresarse mejor. Asimismo, cuando al fin logran decirle a alguien lo que les pasó, reciben poca respuesta por la desconfianza que generan, y simplemente se piensa que están hablando "tonterías". Nosotros debemos aprender a tomarlas en serio, e investigar para mejorar su seguridad. En la iglesia hay que tener mucho cuidado de no permitir ningún abuso contra ellas. Por este motivo, se recomienda tener políticas de protección como prevención. Como el abuso verbal o emocional puede involucrar a niños, niñas y adolescentes como agresores, es importante educarlos para que siempre muestren respeto y buenos ejemplos. Igualmente, es preciso que las personas con discapacidad cognitiva reciban educación sexual, para que entiendan cómo funcionan sus cuerpos y los límites.

Cómo organizar las actividades

El ambiente debe ser de amor y de encarnación del evangelio. No sabemos siempre cómo Dios nos va a usar para comunicar las buenas nuevas, pero nuestra actitud es clave. Recordemos que es un trabajo en equipo. No es posible atender adecuadamente a esta población sin contar con varias personas para cualquier emergencia o necesidad. Además, el trabajo es muy individualizado y se necesitan asistentes personales.

Estructurar el ambiente previamente

- Organice el aula con anticipación, nunca espere hasta que lleguen.
- Ubique a los estudiantes estratégicamente, con voluntarios para apoyarlos.
- Elabore un programa pensando en tiempos cortos y en una variedad de actividades.
- Prepare la clase y los materiales con anticipación.
- Utilice recursos visuales.

En clases de escuela dominical

- Las enseñanzas deben ser sencillas.
- Trate sólo un punto cada vez.
- El lenguaje debe ser claro, sin metáforas o lenguaje figurado. Trate de hablar en una forma muy concreta. Use ejemplos de la vida normal que ellas conocen.
- Bríndeles la experiencia concreta, en vez de la representación; un vaso en vez del dibujo de un vaso.
- Muestre ejemplos de lo que se desea hacer (un modelo o manualidad completamente terminado).

- Separe los pasos de una actividad en tareas cortas que se den de una en una.
- Use canciones con repeticiones y cortas; son más fáciles de aprender.
- Utilice una versión más simple de la Biblia (como la versión *Dios habla hoy*).
- Cambie de actividades con frecuencia. Que duren 10 minutos o menos, porque sus posibilidades de concentración son limitadas.
- Debemos sentirnos satisfechos con pasos muy pequeños que ellos den, sin esperar grandes cambios. ¡Seamos muy flexibles! El rango de capacidades es muy grande, nos pueden sorprender. Siempre es recomendable tener alternativas preparadas.
- Animemos a cada uno con palabras de aprecio, aun cuando no hayan hecho todo el trabajo. No debemos terminar sus trabajos, porque es mejor valorar su propio esfuerzo. Deje que el Espíritu Santo actúe en sus corazones.

Manejo de conductas inadecuadas en el contexto de la escuela dominical

- Aclare muy bien cuáles son los límites o reglas permitidas en clase (preferiblemente pocas y redactadas en positivo).
- Proporcióneles la conducta adecuada.
- La disciplina debe ser inmediata y adecuada a la situación.
- Busque oportunidades para reforzar la conducta adecuada.
- Evite ser "regañón".
- Preste atención al buen comportamiento.
- Exagere los elogios.
- Con personas hiperactivas, realice ejercicios dinámicos con frecuencia y varíe las actividades.

Perfil de la persona con cualidades necesarias para trabajar

En general, la actitud es más importante que la experiencia o la capacitación profesional; no todos los profesionales, aunque sean cristianos, comparten la misma visión. Por ejemplo, en el contexto de la iglesia, evitamos actitudes paternalistas, aun cuando éstas sí se pueden aceptar en un hospital. El voluntario tiene que ser una persona con real interés por las personas con discapacidad intelectual. Debe ser sensible, paciente, perseverante y, sobre todo, capaz de amar a estas personas aunque no sean tan amables.

Estela de Bardiz, en su libro *El niño con necesidades especiales*[10], dice que:

> ...la clave de la dignidad del hombre no se halla en su autonomía, ni en su razón, ni en su capacidad de decisión. Más bien se encuentra en esta realidad: el hombre como persona humana, querida por Dios por sí misma, ha sido plasmado por las manos de Dios [...] Esta dignidad así fundamentada, no queda disminuida por la gravedad de su discapacidad y no se halla condicionada por la dificultad que tiene para comunicarse con los demás, sino, por el contrario, debe alentarnos para defenderla de todas las maneras posibles.

Pautas para la inclusión adecuada de una persona con epilepsia

La epilepsia, con o sin otra discapacidad, es muy común, pero muchas personas, por la connotación que le dan, prefieren no contar en la iglesia que la padecen. Hemos señalado que no se ve la epilepsia como muchas otras discapacidades. Es triste que todavía muchas personas la relacionen con algún problema espiritual. Hay que tratar a la persona con epilepsia con mucha sensibilidad y respeto. La epilepsia se presenta en diferentes formas, algunas muy leves y otras más severas, hasta peligrosas. Si se trata de un niño, se les debe preguntar a sus padres acerca de la frecuencia y la severidad de sus ataques. En el caso de un adulto, la pregunta será a él mismo y de forma discreta.

---

[10] Estela de Bardiz, *El niño con necesidades especiales*, Buenos Aires: Crecimiento Cristiano, 1993.

Normalmente, la persona conoce muy bien su propio cuerpo y muchos pueden presentir la llegada de un ataque de epilepsia. Dejemos a la persona tomar su propia decisión en cuanto a las cosas que pueda hacer y a las que no serían indicadas. Asimismo, es importante tener gente en la congregación, ya preparada y lista, para ayudar en cualquier eventualidad. Sean discretos en todo momento.

Dependerá del tipo y grado de epilepsia el hecho de que la persona afectada pueda estar completamente inconsciente o no; a veces todo es muy rápido y sólo se siente como si estuviera ausente. Si una persona tiene un ataque de epilepsia en la iglesia durante el culto u otra actividad, es importante mover los obstáculos para evitar que se haga daño. No es conveniente poner algo en su boca, como se acostumbraba, ni restringirla; sólo se debe mover lo que está a su alrededor y en su remplazo poner almohadas, lo mismo que debajo de su cabeza. Asegúrese de que la persona tenga suficiente aire; para ello, pida a la gente que mantenga distancia. Si el ataque es muy prolongado, severo o más de lo "normal" para el afectado, debe pedir ayuda médica.

Una vez que la persona de nuevo esté consciente, debe ponerla en posición de recuperación (boca abajo y a un lado) y averiguar si necesita algo en especial. Cada persona es muy diferente; algunas tienen más necesidad de descansar en un lugar a solas, mientras que otras pueden seguir con la actividad. Algunas pierden el control de sus esfínteres, así que hay que tener ropa limpia a la mano y usar mucha discreción para ayudar en ese momento. Evite cuidados innecesarios; deje que la persona lleve una vida de la forma más natural posible. Muestre una aceptación normal y total, y no haga comentarios sobre su estado espiritual. Algunas personas con epilepsia no pueden aguantar luces que se mueven, cambian de intensidad o parpadean. Se debe tomar medidas para evitar los problemas con las luces fluorescentes.

El caso particular del autismo

El autismo es un trastorno que muchas veces se relaciona con la discapacidad intelectual, pero de igual manera puede afectar a los muy inteligentes. Las personas con autismo tienen problemas serios con la interacción social y muchas veces no pueden comunicarse verbalmente. Además, son visibles sus tendencias a realizar actividades repetitiva y obsesivamente. Pueden tener gustos muy marcados (por ejemplo, sólo aceptan llevar ropa de color verde o comer galletas y manzanas), y no pueden adaptarse fácilmente a los cambios de rutina porque les da miedo. También son más sensibles a los ruidos y otras distracciones. Es muy importante darles una estructura en su vida y es recomendable el uso de una agenda visual para explicarles lo que va a suceder. Esta agenda consiste en dibujos puestos en orden para representar las diferentes actividades del día. Los dibujos tienen que estar pegados o pintados en un lugar muy visible para que se pueda verificar rápidamente lo que viene enseguida. Es importante que respetemos esta agenda. Se puede ayudar a la persona si parece agitada, explicándole que pronto va a cambiar de actividad; por ejemplo, de un periodo de cantos a la lección, y después al momento de comer. Hay que tener cuidado con el uso del lenguaje, porque la persona con autismo con frecuencia toma en forma muy literal todo lo que decimos.

Algunas pautas para su inclusión:

- ► Buscar información acerca de sus gustos y su comportamiento.
- ► Compartir la información con otras personas que necesiten saberlo, siempre con permiso.
- ► Monitorizar niveles de sonido y otros factores que pueden afectar a las personas con autismo.
- ► Crear rutinas cómodas utilizando agendas con dibujos.
- ► Usar ayudas visuales para reforzar nuestras palabras.
- ► Utilizar un lenguaje muy concreto.

Modelos de inclusión

Con estas adecuaciones hechas, podemos considerar qué tipo de inclusión queremos lograr. Nuestra meta principal es una inclusión que permita una participación activa de la persona con discapacidad. En general, no estamos buscando crear instituciones especiales para personas con discapacidad. Como vimos en el capítulo 3, ésta ha sido la solución durante mucho tiempo. Aunque muchas instituciones de la iglesia han sido muy buenas en ello, hoy tenemos otro reto. Los estudios en el tema dicen que es mucho mejor no segregar; por ende, la inclusión debe ser nuestra respuesta. Pero el riesgo es la falta de atención, el abuso y la carencia de una inclusión verdadera. Muchas instituciones privadas de las iglesias, no permiten la atención a personas con discapacidad. Justifican esto diciendo que no cuentan con los recursos humanos o económicos. Este es algo grave que no debemos permitir más en América Latina. Necesitamos una nueva visión que nos permita ofrecer una vida plena a cada persona y no solamente a las personas sin discapacidad.

Integración e inclusión

Tenemos algunos modelos que no han sido tan útiles. En muchos países, el sistema de educación oficial incluye a los niños con discapacidad, pero se encuentran casos muy tristes de niños dejados solos, sin ningún esfuerzo para incluirlos en el proceso educativo. Pero ello no es necesariamente responsabilidad de los maestros. En muchos casos, los profesores no han tenido capacitación, no cuentan con asistentes y mayormente dependen de la voluntad de la madre o de otra persona para asistir al niño. Este es un mal ejemplo de "integración". Sin las adecuaciones, sin la preparación de maestros y un programa para atender a las necesidades del niño y velar por su inclusión, hay muy poca esperanza de que el niño aprenda.

¿Integración o inclusión?

Estas son palabras muy fáciles de confundir. No todos las usan de igual manera. ¿Es una falsa dicotomía? En este libro uso "inclusión" para decir que la persona puede participar. Puede recibir su comida, su educación o sus derechos, igual que los demás, aunque la manera en que los reciba pueda variar. Por su parte, la "integración" quiere decir que la persona no está segregada, sino que recibe el mismo trato que los demás. Por ejemplo, si todos reciben clases de literatura, esta persona también recibirá esas clases.

Con la palabra "inclusión" estamos pensando más en el fin. Si la persona no puede, por su discapacidad, aprender en un ambiente muy ruidoso, tenemos que ofrecerle la oportunidad de recibir su educación en un lugar tranquilo, aun cuando este acto interrumpa la "integración". En este sentido, su integración no es tan importante como la oportunidad clave para aprender. En este caso, el niño cuenta con la misma oportunidad de educación. Debemos velar por su inclusión en la escuela, y tener una política para los tiempos cuando la persona con discapacidad no pueda soportar a los demás.

En ciertas oportunidades no debemos insistir en la igualdad en las mismas condiciones. Se trata más bien de tomar en cuenta las necesidades diferentes, y de pensar en cómo organizar el aula o cualquier otro lugar, o grupo, para acomodar estas necesidades. Por ejemplo, una persona que usa una silla de ruedas pero no tiene ninguna otra discapacidad, puede ser fácilmente incorporada e integrada (y, por ende, incluida) sólo con algunas adaptaciones físicas y arquitectónicas.

La persona con discapacidad visual también puede ser integrada, pero para ello se necesitan algunas otras adaptaciones, quizás tecnológicas. Podría ser útil un texto digital que pueda ser leído mediante un sistema de voz. Además, inicialmente va a necesitar algunos cuidados hasta que memorice la ubicación de los puntos importantes en el edificio. Adicionalmente, hay que capacitar a los demás para facilitar la comunicación y no excluir a la persona con discapacidad.

La persona con discapacidad cognitiva presentará mayor o menor problema dependiendo de la situación particular. En una actividad física como natación, es posible que esta persona pueda competir e integrarse al grupo. Pero cuando se trate de educación, o de un estudio bíblico inductivo, puede estar en desventaja.

Inclusión en la iglesia, la escuela dominical o grupos pequeños. ¿Integración o segregación?

Lo ideal es siempre tener a todos integrados para evitar su aislamiento y marginación. Frecuentemente, las personas con alguna discapacidad no son bienvenidas en las actividades de la iglesia, porque les tenemos miedo, lo cual dificulta nuestra interacción con ellas. Si deseamos realmente perder ese miedo, lo mejor es no aislarlas, porque con la falta de contacto, aumenta nuestro temor. Finalmente, al no incluirlas en la vida de la iglesia, terminan por retirarse.

Por otro lado, hay que tomar en cuenta la realidad. Es cierto, algunas personas con discapacidad se integrarán muy bien en la escuela dominical y en otras actividades de la iglesia, debido a que su discapacidad no es severa o a que su conducta o habilidad social no se encuentra afectada. Pero quienes presentan una discapacidad severa, profunda o múltiple, tienen necesidades más específicas. Algunos opinan que necesitan un programa muy diferente y no integrado con las demás personas.

Como hemos mencionado antes, hay que evaluar cada caso y nunca excluir la posibilidad de integración. Pero, si no funciona, se puede organizar un aula especial para esas personas. La palabra clave es inclusión; ello implica tenerlas en la iglesia, incluirlas en nuestros planes, y tomar en cuenta sus necesidades especiales.

Cabe mencionar que existe muy poco material para personas con discapacidad intelectual. El ministerio Amistad ha producido paquetes muy completos de materiales en español para la escuela dominical y los ofrece a las iglesias en América Latina en la siguiente dirección electrónica: www.minsterioamistad.org o info@ministerioamistad.org.

Con estos materiales se puede iniciar un grupo paralelo. Es mejor invitar a más personas y contar con varios asistentes para el grupo. Sería posible organizar un grupo de personas de varias iglesias. Una opción diferente para el culto sería invitar a los que quieran a un grupo más informal, con actividades creativas y menos intelectuales. Pueden compartir tiempo con todos los demás en alabanzas y oraciones, para luego ir a una actividad diferente en el momento de la prédica.

Debo aclarar que estas condiciones especiales se aplican sólo para personas con discapacidad cognitiva, emocional o múltiple, pues en la gran mayoría de los casos de discapacidad, la inclusión quiere decir también integración.

Participación activa en el liderazgo

Uno de los campos más olvidados es el del liderazgo. No estamos acostumbrados a ver a una persona con discapacidad en el liderazgo, menos como pastor, director o coordinador. Pero ésta es la meta para los que tienen los dones necesarios. Durante nuestro caminar con las personas con discapacidad, espero que hayamos aprendido que no deben ser excluidos simplemente por tener esa condición. De igual manera, nadie debe ser líder o pastor si no tiene los dones correspondientes. Nada debe ser automático, debemos entender nuestros dones y habilidades y buscar usarlos.

Actividades

Después de leer este capítulo, quizás se sienta desanimado, pero recuerde que no tiene que hacerlo todo a la vez. Las siguientes actividades pueden ser de mucha ayuda:

- ► Hacer un diagnóstico de la iglesia con la ayuda de personas con diferentes discapacidades.
- ► Ayudarlas a establecer las prioridades y formar un grupo para elaborar un plan, que debe incluir la sensibilización de la congregación.
- ► Buscar información de las leyes nacionales para ver los parámetros arquitectónicos y estudiar cómo realizar las adaptaciones necesarias.
- ► Buscar la ayuda de los miembros de la congregación que tienen experiencia en estas actividades.

Capítulo 9

Una persona con discapacidad visual
puede leer una Biblia que está en Braille.

No abandonemos la familia

Ayuda pastoral
y el reto de mantener unida a la familia

Luego de los preparativos, cuando ya estemos caminando y conozcamos a nuestros nuevos amigos que viven con una discapacidad, descubriremos otro factor esencial para no fracasar en el viaje: la familia. Es vital que no la olvidemos. Dios nos creó para vivir en familia, es parte de su estrategia para la vida. Desde el principio, desde los tiempos del jardín del Edén, cuando la familia era la primera institución creada por Dios, se ha visto a cada persona en el contexto de su familia. No se puede separar a la persona de su familia. Aun cuando ésta no funcione bien, es la familia la que la formó, y todos somos hijos o hijas de alguien. El concepto de la familia puede ser muy amplio, y hasta metafórico cuando hablamos de la iglesia como familia. Es un grupo de apoyo, aun cuando no sea biológico.

¿Para qué creó Dios a la familia? La respuesta bíblica es clara: para que no estemos solos (Gn 2. 18). Es un grupo de apoyo mutuo natural. Es natural en una familia llevar las cargas de los otros. Como dice el apóstol Pablo: "Ayúdense unos a otros a llevar sus cargas, y así cumplirán la ley de Cristo" (Gá 6.2). John Stott, el famoso pastor y teólogo inglés, dice en su libro sobre Gálatas que la palabra traducida como "carga", no es la misma carga personal del versículo 5 del mismo capítulo (que es lo que el Peregrino tuvo que dejar en la cruz, y que es una responsabilidad personal frente el Juez de nuestras vidas), sino algún sufrimiento en la vida de algunas personas, resultado de circunstancias particulares y muy difíciles para una persona sola. Entonces, es necesario compartir el peso con nuestros hermanos y hermanas. Puede ser algo permanente como la discapacidad; o temporal, como la pérdida de un trabajo. Esto no es una señal de falta de fe ni de debilidad espiritual, dice Stott, sino admisión de que somos de carne y hueso. Somos vulnerables y necesitamos de los otros en interdependencia. No aceptarlo sería arrogancia.

Por otra parte, también sabemos que Cristo quiere llevar nuestras cargas (Mt 11.28). Muchas veces usa a su gran familia, la iglesia, para cumplir esta función. Por ejemplo, Pablo les dice a los corintios que cuando él tenía un problema grave, Dios usó a Tito para llevarle consuelo: "Cuando llegamos a Macedonia, nuestro cuerpo no tuvo ningún descanso, sino que nos vimos acosados por todas partes; conflictos por fuera, temores por dentro. Pero Dios, que consuela a los abatidos, nos consoló con la llegada de Tito" (2Co 7.5,6).

Es triste pero cuando más necesitamos del apoyo de nuestra familia, ella puede estar preocupada por otros asuntos. La iglesia puede apoyar a los que viven con cargas que, por mucho, sobrepasan el peso normal. Este sobrepeso puede afectarles negativamente, especialmente cuando es de por vida, causando depresiones y aislamiento. Pero este apoyo no excluye la consulta médica o psicológica cuando sean necesarias.

Cuando nace un bebé diferente

¿Qué pasa en una familia cuando nace un bebé "diferente", con discapacidad? En toda familia en la que nace un niño con discapacidad, se produce una serie de reacciones emocionales. La familia entra en una crisis emocional. En realidad, es el proceso del duelo porque el niño que esperaban no nació y por los sueños que no se cumplirán.

Durante un embarazo, los padres suelen soñar con el futuro de su hijo o hija. Piensan en nombres, en su futura carrera, su carácter, sus habilidades, y en el gozo de compartir todo como padres. El momento en que descubren que su bebé tiene algún tipo de discapacidad, para ellos una "imperfección", explosiona la burbuja de sueños en la que estaban sumergidos, y aun cuando reconozcan que el bebé puede desarrollarse muy bien y que su discapacidad es leve, lo sienten como un baldazo de agua fría. Sienten que, en vez de a un nacimiento, asisten a un funeral. Sin embargo, las que mueren son las esperanzas, aunque el bebé siga con vida. Es solamente el sueño o fantasía lo que muere, no su bebé. Pero alguien tiene que cuidarlo, y las primeras semanas siempre son agotadoras.

El proceso puede empezar en cualquier momento, no necesariamente después del parto. Hoy tenemos posibilidades de anticiparnos con ecografías que pueden detectar antes del nacimiento algunas anomalías. Pero es todavía posible que nadie se dé cuenta de la discapacidad hasta que el bebé muestre problemas en el logro de sus metas de desarrollo. Así que, sin importar en qué momento fue descubierta la condición de discapacidad, siempre causa un impacto enorme en la vida de la familia.

Ir a Holanda en vez de Italia

Alguien dijo que tener un bebé con discapacidad es como tomar un avión supuestamente para ir a Italia y, al descender, encontrarse en Holanda. Esta metáfora ha sido utilizada para explicar el choque y ajuste que uno tiene que hacer. El problema es que uno ha preparado todo para visitar Italia, pensando en el clima, la comida y los lugares interesantes. Ahora, ¿qué se va a hacer en Holanda? Dicen que el ajuste consiste en entender que Holanda es un lugar bonito también, aunque diferente de Italia. Si uno no escogió Holanda, puede ser más difícil ver la hermosura de ésta y disfrutarla, pero con el tiempo vamos a encontrar el lado positivo.

Mil voces

Aquí se podrían agregar miles de voces de los padres, pero sólo tenemos espacio para algunas. La mamá de dos hijas con diferentes discapacidades, una con discapacidad cognitiva y la otra con autismo y parálisis cerebral, nos cuenta: "¡Se le cambia a uno la vida por completo! Pero me hace valorarla más". Otra mamá admitió que la experiencia la cambió: "Al principio me sentí abandonada por Dios, no podía aceptarlo y luché espiritualmente durante años. Hoy es mejor, hay asuntos superados, pero cuando vienen las crisis en cuanto a conductas, puedo tener inquietudes".

Una pareja con un hijo autista contó: "Al nacer nuestro hijo fue como perder la familia, pero era para aprender cosas, porque el amor de nuestro hijo es incondicional. Afecta la vida familiar, la vida íntima; no podemos salir como pareja. Hay muchos frenos pero hay que sonreír". El papá de un niño que nació con malformaciones múltiples expresó su dolor: "Sentí susto. No podía entender cuando los médicos nos hablaban en términos médicos y técnicos antes de ver el niño. Me contaron que nunca iba a caminar. Buscaba explicaciones, y me pregunté '¿por qué?', especialmente después de que amputaron su pierna. Tuve que dejar de trabajar para apoyar a mi esposa después de su nacimiento. Este evento cambió nuestros planes".

El proceso de ajuste

El proceso tiene etapas, aunque cada familia y cada experiencia sean diferentes. Y no todos experimentan las etapas en la misma medida.

Incluso, se dice, que no necesariamente todos van a pasar por todas las etapas y, si las pasan, no tiene que ser en el mismo orden. Esto nos da una base para evaluar el proceso.

El ritmo también es distinto. En algunos casos, el proceso toma mucho más tiempo. Se debe tener paciencia y no presionar a los padres para terminar con el proceso. No hay un tiempo correcto. Nuestra primera tarea es acompañarlos y escucharlos. En algunos momentos, es muy posible que nos pregunten acerca de la voluntad de Dios para su bebé. Tenemos que estar preparados para contestar con las verdades bíblicas explicadas en los capítulos 4, 5 y 6; pero, a la vez, debemos admitir que no sabemos las razones ni entendemos siempre los propósitos de Dios.

De acuerdo con un estudio realizado por la psicóloga Joan Bicknell[11], el proceso comprende nueve etapas:

► **Conmoción.** Son las primeras sensaciones cuando los papás reciben la noticia y entran en un estado de pánico, de susto, de "shock" e incredulidad. No saben qué pensar, simplemente no comprenden. No les es posible captar lo que les explican los médicos. Sus mentes se cierren frente a un golpe que ni siquiera entienden. Tienen todo paralizado; mente, emociones y espíritu, nada funciona. Por ende, se les recomienda no asistir solos a las citas, sino llevar a alguien de confianza para tomar notas. Sus amigos, pastores y familiares deben mostrar su solidaridad en formas prácticas, con comida, transporte, lavando ropa y limpiando su casa, hasta que pase la tormenta.

► **Miedo.** La emoción que sienten es de temor enorme por una situación insólita. Uno nunca está preparado para este tipo de eventos y las reacciones comunes son: "¡No voy a poder lidiar con este problema! ¡Nunca voy a poder! ¡Socorro!". Es un terror que no les permite pensar claramente ni escuchar, menos orar

---

[11] Joan Bicknell. "The Psychopathology of handicap". *British Journal of Medical Psychology*, 1983.

o reflexionar. Es importante dejarles expresar sus emociones, sin intentar reaccionar. En ese estado, no podrán aprovechar los consejos.

- **Rechazo de la verdad.** Es negarse a aceptar la verdad, porque no les parece real. "No a mí, no está ocurriendo en mi vida. No puede ser. Debe ser una pesadilla" son pensamientos recurrentes que implican una relectura de la realidad. Dudan de los médicos y de otros profesionales. Empiezan a buscar otros diagnósticos. Acuden a diferentes especialistas y llegan a cada cita con la esperanza de por fin escuchar algo mejor. Durante esta etapa pueden consultar con el pastor de su iglesia, y si no encuentran en él la receta que buscan, van a otras iglesias. Como se mencionó en el capítulo 6, en su desesperación los padres pueden probar una cantidad de iglesias buscando sanidad para su hijo o hija. Para el pastor es una situación delicada, pues tendrá que recibirlos, escucharlos, orar con ellos; pero no debe levantar falsas expectativas, sino ayudarlos a aceptar a su bebé tal como es. Es importante modelar esta aceptación, mencionando cuán bello es el bebé o cuán grande, o qué bonito cabello tiene, dando cualquier comentario normal y positivo.

- **Aceptación de la verdad con pena.** Finalmente, llegarán a una aceptación parcial pero con un dolor intenso, sin tregua. Es típico no poder dormir, no dejar de llorar y quejarse. Lamentan que Dios permita tal cosa. Es una pena muy tangible, pero no ayuda a la pareja a avanzar. Les quita fuerzas emocionales y físicas. Y en medio de este duelo, tienen un bebé que, como cualquier otro, demanda atención y priva a sus padres de muchas horas de descanso. Es el momento de mostrar un amor genuino con ayuda práctica y pocas palabras. Es más apropiado abrazarlos que discutir con ellos.

- **Culpar a otros.** Sus mentes empiezan a funcionar buscando a alguien a quien culpar. Dicen frases como:

    — ¡No puede ser casualidad!

— Tiene que ser el médico, él recetó aquel medicamento durante el embarazo.

— Quizá fue la enfermera, a mí nunca me gustaron sus métodos.

Y, así, van mencionando una lista de personas culpables, desde los profesionales hasta los parientes del esposo o la esposa. Y, finalmente, a Dios: "Estoy furioso con Dios. No puedo creer más en él". Los sentimientos de culpa producen en los padres del bebé afectado un sufrimiento muy profundo. Algunos tratan de aliviar su pena dedicándose sin descanso, casi esclavizados, al cuidado del niño. O, de otra manera, sencillamente, buscando a quien culpar (Dios, su esposo o esposa, la abuela, el médico, una bruja o el diablo). Muchos esposos se esconden en sus trabajos, y están casi ausentes del hogar. Respetemos las angustias que causan estas acusaciones. No debemos entrar en discusiones con ellos, es mejor ayudarlos a sobrellevar esta etapa mostrándoles amor incondicional.

► **Culparse a uno mismo**. "¿Qué hice yo?", preguntan las mamás cuando sienten la responsabilidad de llevar en su vientre a un bebé con discapacidad. Y, aunque sabemos que normalmente no tiene que ver con la condición, podemos ser solidarios con la mujer. "Si no hubiera tomado estas pastillas, si no hubiera montado la bicicleta, si no fuera por… Es un castigo merecido". Ambos padres pueden ser atacados por este tipo de pensamientos, aunque los varones son más rápidos en descartarlos, pues más le echan la culpa a su esposa. Es un momento de vulnerabilidad, en el que la pareja siente tensión y desacuerdo. Como es frecuente, los varones pueden sentir que su virilidad ha sido atacada. Debemos ayudarlos a resistir la tentación de culpar a alguien, a la esposa, a la familia, o a sí mismos.

Es común, también, que experimenten sentimientos contradictorios. En algún momento quieren mucho al niño, pero luego sienten dolor, enojo, frustración o rabia. Como los dos padres pueden experimentar estos sentimientos en diferentes momentos, ello puede causar grandes conflictos. Sería un buen momento para ofrecerse a sacar al bebé por algunas horas. Así les daríamos la oportunidad de tener un espacio de pareja, para ir fuera y gozar de la naturaleza o, simplemente, comer y conversar tranquilamente. Cualquier pareja necesita tiempo para su relación y mucho más cuando luchan con el sentimiento de culpa. Puede ser útil para ellos leer el pasaje en Juan 9, cuando Jesús dice que la ceguera del hombre no fue culpa ni del hombre ni de sus padres.

► **Nada tiene sentido.** En esta etapa se nota el cansancio y un sentimiento negativo. Para la pareja, y su bebé, parece que no hay esperanza; no hay futuro: "Nadie me entiende. Dios no puede existir. Él no me puede ayudar. Mi vida no tiene valor. Quiero morir". Esto es normal, y no es un pecado expresar estos pensamientos, pero debe pasar. Si la pareja (o uno de ellos) se queda en esta etapa por un periodo largo, conviene que vaya al médico para tratar una posible depresión clínica, y esto también le puede pasar a cualquier mamá con un bebé sin discapacidad. Los cambios hormonales en las mujeres pueden contribuir a esta condición. Nuestra responsabilidad es velar por la salud de todos: mamá, papá y bebé. Sin discutir la intensidad de sus emociones, debemos mostrarles apoyo y amor.

► **Pero tal vez, si buscamos ayuda.** La pareja aprende a tomar un día a la vez; empieza a hacer planes, diferentes de los que habían soñado, pero con mayor significado. Entienden que la vida sigue y seguirá. Ya hablan de esperanzas, quizás basadas en el conocimiento de otros niños como el suyo. Por ejemplo, si el bebé tiene síndrome Down y la pareja ha visto a otros afectados por la misma discapacidad en alguna competencia de natación en las olimpiadas, ellos pueden vislumbrar un futuro diferente, más optimista. ¡Su hijo puede aprender a nadar o hacer otro deporte y puede representar a su país en competencias internacionales!

"Si logramos manejar su conducta, no será tan difícil", "Si ella logra caminar, podemos tomar el bus", "Si todos aprendemos el lenguaje de las señas, podremos comunicarnos bien", de modo que poco a poco, en cada situación, se encontrará esperanza. Es importante ayudarlos en su búsqueda. La iglesia puede desarrollar una base de datos con información de los servicios del Estado, de las organizaciones no gubernamentales (ONG), de las asociaciones y de otros grupos de apoyo.

▶ **Enfrentar la realidad.** Si hay otras familias en la iglesia que han pasado por semejantes experiencias, pueden compartir sus conocimientos y logros. También pueden explicar sobre los asuntos que les han costado más trabajo, las cosas negativas que no les permitían mantener un equilibrio. Es una etapa de exploración y crecimiento familiar. El que un bebé tenga una discapacidad y la vida no se presente como en los sueños de sus padres, no quiere decir que la experiencia de criarlo va a carecer de calidad y de gozo. Es tiempo para compartir con otras familias y con toda la iglesia, para que juntos puedan avanzar.

Resolución

A pesar de que este proceso incluye pasos incómodos, siempre existe alguna resolución. Dice la doctora Bicknell que la solución se basa en una aceptación que se define como la muerte del niño ideal e imaginario, el que nunca nació, y un replanteamiento del amor paternal y maternal por el nuevo niño en toda su realidad. Hay que entender que nunca hay una resolución definitiva, siempre es parcial y nunca termina. El dolor no se les quita totalmente.

Puntos clave

Hay ciertos puntos clave en la vida que aumentan el dolor y, como consecuencia, hacen que el proceso de duelo comience de nuevo, aunque no tan fuerte como al principio. Normalmente, los padres llegan más pronto a una solución. Los puntos clave pueden ser diferentes en cada familia. Algunos de ellos son:

- ► Cuando el bebé debe hablar y no habla.
- ► Cuando el bebé debe caminar y no camina.
- ► Cada cumpleaños.
- ► La edad de entrar a la escuela.
- ► La edad de ingresar a la Secundaria.
- ► Cuando los otros hijos entran a la universidad o tienen novios o se casan.
- ► Si es hija, cuando cumple 15 años.
- ► Y muchos más; cada familia o persona pueden tener fechas que les causen dolor.

Lo que cambia la situación es la presencia del hijo o la hija. Como va desarrollándose, aunque lentamente, y se ven progresos, los momentos dolorosos pierden algo de fuerza. Los bebés son preciosos y es natural que el amor le gane a la tristeza. En realidad, cada familia tiene sus propios problemas y dolores; algunos relacionados con la discapacidad, otros por razones distintas. Una mamá de un hijo con una discapacidad severa dijo: "No voy a tener que preocuparme por sus amigos, o si va a tomar demasiado alcohol o si va a usar drogas, porque nunca sale solo".

Por otro lado, podemos ver el dolor de las familias cuando muere un hijo o una hija con discapacidad. A veces sus vidas son muy cortas por su condición, pero el dolor es igual. En la gran mayoría de familias, nos provoca admiración su amor, el cariño y la dedicación con que cuidan a su hijo.

Rechazo al niño

Puede suceder que al principio la mamá rechace a su bebé, pero si el médico es sabio y sabe escuchar sin juzgarla, y si ella recibe apoyo de su pareja, de su familia y sus amigos, normalmente logra aceptarlo. Si es creyente, el pastor de su iglesia puede hacerle unas visitas llevándole ayuda y consuelo. Como en muchos casos, es más importante la habilidad de escuchar que la de resolver problemas. Este es el momento cuando la oración es especialmente bienvenida; pero debe ser una oración corta y sensible, sin presionar a la mamá. Ella sabe que Dios es su único refugio, y en el momento preciso lo discutirá con él.

El papá tiene mayores problemas para aceptar la nueva situación. Naomi y su esposo no podían tener hijos y después de varios años decidieron adoptar un bebé. Cuando descubrieron que la niña tenía parálisis cerebral todo cambió. "Él quiso devolverla pero yo no podía hacerlo. Entonces, él nos abandonó". Lamentablemente, la falta de aceptación es bastante común. En un ministerio que trabaja con veintidós familias, sólo ocho tienen padres presentes; las demás son de madres solteras, abandonadas o divorciadas. Y en algunos casos el papá se queda en la casa, pero emocionalmente está ausente. No tenemos mucha información en cuanto a las razones de esta situación, pero sospecho que en parte es por falta de educación y apoyo. Los padres necesitan entender que no es por su culpa, que Dios no los está castigando, que ellos no son menos por tener un hijo con discapacidad. También les ayudaría mucho saber que no están solos, sino que la iglesia está dispuesta a ayudarlos. De todas maneras, en familias de personas con discapacidad hay un número muy grande de madres solteras, abandonadas o divorciadas, que con enormes esfuerzos llevan todo el peso, casi a solas, con el doble estigma social de ser divorciadas y mamás de alguien con discapacidad.

Tristemente, no todos los bebés con discapacidad son aceptados por sus padres, y normalmente el Estado se hace cargo. Hay orfanatos llenos con niños y niñas que, por su discapacidad, tienen pocas esperanzas de ser adoptados. Es importante que busquemos alternativas tales como familias sustitutas. El desarrollo de un niño con discapacidad siempre será mejor en el calor de una familia que en un hogar donde siempre son dejados al último y donde sus habilidades no son reconocidas. Necesitamos más de este tipo de respuestas para dar un futuro a niños con discapacidad.

Formación de hogares

Hay personas con discapacidad que, además de ser hijos, son padres de sus propios hijos. El mito que dice que las personas con discapacidad no pueden ser padres ni tener una vida sexual, es justamente eso, un mito. La gran mayoría de personas con discapacidad, incluso física, pueden ser padres. Sólo algunos (por ejemplo, los que tienen discapacidades profundas y múltiples) no tendrían esta posibilidad. El mito de la asexualidad de las personas con discapacidad, especialmente cognitiva, es dañino, va en contra de la dignidad y humanidad de la persona. Pero entender que es un mito no es suficiente, tenemos que preguntarnos qué hacer al respecto. Durante siglos fue un tema tabú, pero hoy sabemos que todos deben recibir una educación sexual, incluidos los niños con discapacidad. Es un área en la cual no tenemos muchos recursos, pero igual como en el tema de abuso sexual, requiere que investiguemos más y busquemos estrategias. Como digo, la educación es primordial. Con claridad y sencillez, eduquemos para que cada niño y niña conozca su propio cuerpo y los límites que se deben respetar. Con este simple paso, podemos hacer mucho para prevenir situaciones lamentables.

Consecuencias negativas

De toda esta situación se ven consecuencias negativas, especialmente cuando se trata de alguien con discapacidad profunda o múltiple. En estos casos, es típico el aislamiento social y espiritual. Puede ser un proceso, pero poco a poco la familia deja de salir junta para los paseos, las reuniones familiares, los cultos en la iglesia o para hacer compras, pues requieren de demasiado esfuerzo y ya no resisten las miradas de la gente en el supermercado o el parque.

También se preocupan por el futuro. Normalmente, los padres planean sus años como ancianos esperando que los hijos se encarguen de todo, pero los padres de un niño con discapacidad tienen que lidiar con un cambio radical. Ya no pueden pensar en jubilarse y jugar con sus nietos, sino pensar en cómo cuidar a su hijo o hija, quien necesita cuidados las 24 horas del día. Sus espaldas se van a gastar, sus cuerpos se cansarán pero no podrán parar. ¿Quien se encargará en el futuro del hijo con discapacidad?

Los hermanos

Sabemos que muchos de los hermanos de niños con discapacidad experimentan algún tipo de sufrimiento por la situación. Los padres, sencillamente no tienen mucho tiempo para prestar atención a los demás miembros de la familia o carecen de recursos económicos, porque el dinero se ha gastado en las necesidades del hijo con discapacidad. Sin embargo, la gran mayoria de estos hermanos están muy involucrados en la vida del hermano con discapacidad y le quieren enormamente.

Poca respuesta para familias

Al afirmar la importancia de la familia nuclear y extendida, nos interesa lo que es rápido y mejor aún si es económico con nuestros recursos de paciencia y amor. En una iglesia grande o un ministerio con metas muy exigentes, es fácil hacer sólo lo rápido y económico. Pero trabajar con las familias de personas con discapacidad no es un trabajo rápido, sino de por vida; es constante, requiere paciencia y perseverancia. No es igual que apoyar a una familia mientras pasa por una crisis de salud o de desempleo. Tampoco es económico, dado que no termina en el corto plazo. Necesitará de nuestro apoyo durante años. Nosotros, en las iglesias, debemos estar dispuestos a dar año tras año un apoyo constante en el que no cuente el precio; dar pero con alegría.

Puede producir en nosotros algo de vergüenza el hecho de que, más que las iglesias, sean los grupos seculares los que estén más dispuestos a apoyar a las personas con discapacidad. Hoy en día existen cientos de programas para el desarrollo social, proyectos que buscan mejorar el nivel educativo de las familias, y en planes gubernamentales para solucionar problemas sociales. Sin embargo, se ve poco interés para los que no presentan mucha esperanza de lograr metas grandes. Queremos ver "resultados medibles", mientras estas familias esperan unas gotas de ayuda, palabras de aliento, abrazos y oraciones.

Amor sin precio

En la iglesia, aunque podemos ayudar con insumos materiales, nuestra fortaleza está en lo espiritual. Estamos llamados a traer amor, esperanza y gozo a los pobres y desamparados de este mundo. En nuestro contexto de personas con discapacidad y sus familias, Dios nos está llamando para dar apoyo espiritual a estas familias. En mis conversaciones en las casas de estas familias, ellas me cuentan que lo que hace la diferencia no es una cantidad de dinero (aunque la necesitan urgentemente), sino el interés genuino y las oraciones del pueblo de Dios. No tiene precio, ¡pero es costoso!

En mi experiencia, sí podemos estar al lado de estas familias, sí podemos llamarlas por teléfono o visitarlas de vez en cuando o preguntarles de sus necesidades. Si aprendimos a escucharlas sin tratar de resolver todos sus problemas, estamos entonces siendo las manos de Dios para ellos. Podemos convertirnos en siervos de Dios, no con grandes gestos, sino con algo mucho más costoso: nuestro tiempo. También con nuestra compasión, nuestro interés, nuestras lágrimas y oraciones, que no tienen precio pero que, a la vez, nos cuestan todo.

Para reflexionar

- ▶ Si en su iglesia conoce familias afectadas por discapacidad, ¿qué medidas puede tomar para mejorar el apoyo que se les ofrece?
- ▶ Prepare un plan de visitas para conocer mejor a las familias con personas con discapacidad en su iglesia o barrio.
- ▶ ¿Incluyen programas de capacitación acerca de discapacidad para el equipo pastoral o las personas encargadas del trabajo pastoral en su iglesia?

Capítulo 10

Una persona en silla de ruedas deposita una nota de sugerencia
en el buzón de sugerencias de la iglesia.

Un futuro en este mundo

Como hemos caminado junto a las personas con discapacidad, tuvimos tiempo para conversar con ellas. Descubrimos que estas personas tienen aspiraciones de un futuro mejor. En este sentido, no somos diferentes, todos anhelamos disfrutar de la vida, pero el fin de nuestro viaje ¿es un futuro con esperanza? También queremos ver a nuestro Dios. El reino de Dios tiene varias dimensiones y empieza aquí en este mundo. Aunque sabemos que todavía no podemos ver la plenitud de vida con Dios, no debemos decir a la persona con discapacidad: "Ten paciencia, no vamos a hacer nada ahora, pero todo va a estar bien cuando Cristo venga".

Muchos de nuestros líderes cristianos más famosos como René Padilla, John Stott y Christopher Wright han contestado las críticas de la falta de acción social de la iglesia. Por ejemplo, Christopher Wright[12] argumenta que nuestra misión tiene que abarcar la justicia

---

[12] Christopher Wright. *La misión de Dios*. Buenos Aires: Certeza Unida, 2009.

para personas en situación de pobreza, para los huérfanos, viudas, refugiados entre muchos necesitados de este mundo. Dice que no podemos ser indiferentes al sufrimiento de los humildes, los marginados y los olvidados. En un balance entre evangelismo y acción social, ambos son parte de la vida cristiana y nuestra misión tiene que ser holística. Wright afirma que la misión holística no es una opción para algunos, sino que lo es para toda la iglesia. El movimiento Lausana usa una frase: "Toda la iglesia, llevando todo el evangelio a todo el mundo".

En verdad, la iglesia siempre ha estado conformada por seres humanos como nosotros, todos pecadores, y todavía no hemos cumplido con esta misión. Debemos pedir perdón a los pobres y necesitados del mundo. No sólo en el pasado se ha visto injusticia por falta de acción, sino que hoy también se observa lo mismo. La niñez del mundo ha sido condenada muchas veces al abuso y la esclavitud. Es notable la falta de atención médica y la ausencia de una educación para los más pequeños y vulnerables, lo cual desgraciadamente ocurre también en lugares donde la iglesia tiene una presencia mayor, como en algunos de nuestros países de América Latina y el Caribe. Toda la fuerza de una iglesia grande con miles de fieles no ha podido transformar la sociedad como debe ser.

Sin embargo, hay que medir las acciones de la iglesia en su contexto histórico social, y ver la otra cara, que es la de la reforma e innovación. A través de los siglos, la iglesia ha estado presente y frecuentemente ha hecho lo que nadie más quería hacer. Hemos visto en la historia de la iglesia que los cristianos han ofrecido hogar, sostén, compasión y consuelo a muchos sufridos. Les han predicado el evangelio, un evangelio integral, una praxis basada en nuestra fe.

No obstante esta experiencia, hoy, con los múltiples avances sociales y seculares, no se distingue tanto la acción de la iglesia. Hay otros actores, algunos muy poderosos y bien planteados. No obstante, la iglesia evangélica tiene un papel importante en la vida de nuestro continente. En miles de iglesias locales, algunas muy pequeñas y otras de dimensión enorme, semana a semana, los hermanos están trabajando para mejorar la calidad de vida de las personas necesitadas.

Pero en varias áreas de acción —y la de la discapacidad es muy obvia— estamos esperando todavía ver logros importantes de parte de la iglesia. Necesitamos un gran salto para alcanzar a esta población y ofrecerle no solamente un futuro después de la muerte, sino también un futuro en este mundo.

Es legítimo que las personas con discapacidad posean el deseo de tener esperanza en este mundo. El anhelo de una vida digna, con alternativas y posibilidades, es algo que todos tenemos. Debemos entender que nuestras aspiraciones y las de las personas con discapacidad no son tan diferentes y no tienen que ser distintas. Todos podemos aspirar a recibir educación y atención médica, a tener un empleo, a encontrar un esposo o una esposa, a formar una familia, a hacer algo útil en este mundo y a vivir en paz.

El futuro de esperanza con el Señor

Seamos claros: la esperanza más grande que tenemos es estar frente a nuestro Dios y salvador, Jesucristo, para escucharle decir: "¡Hiciste bien, siervo bueno y fiel! Has sido fiel en lo poco; te pondré a cargo de mucho más. ¡Ven a compartir la felicidad de tu señor!" (Mt 25.23). En Apocalipsis encontramos que en el nuevo mundo, en la nueva creación, "Ya no habrá muerte, ni llanto, ni lamento ni dolor, porque las primeras cosas han dejado de existir" (Ap 21.4). Isaías también habló de un futuro con el Señor, cuando la muerte será devorada y quedará sin poder: "Devorará a la muerte para siempre; el Señor omnipotente enjugará las lágrimas de todo rostro" (Is 25.8). En uno de los pocos libros de América Latina sobre la experiencia de tener una hija con discapacidad severa, se lee[13]:

___

[13] Daniel y Gayna Salinas. *Pero tendrás alas, Karis una niña con parálisis cerebral*. La Paz: Editorial Lámpara, 1999.

Nunca antes había pensado tanto en el cielo. Allí Karis saltará y correrá libremente por las galaxias y los médanos de la nueva tierra. Allí cantará con el coro celestial por la eternidad. Ya no sufrirá más dolor ni tendrá una sola lágrima más. Allí podremos sentir su abrazo y nos dejaremos llevar de la mano a los universos que ella quiera explorar. Entonces conoceremos su voz, y sus palabras llenarán nuestros oídos de música angelical.

Mientras tanto, podemos, en esta época del "todavía no", empezar a hacer cambios radicales para transformar las vidas de miles de personas. Se trata de trabajar en estrategias que busquen una verdadera inclusión en la iglesia de las personas con discapacidad.

Contracultura

Trabajar con personas con discapacidad no debe ser "caridad". No es como la "teletón", una campaña de recolección masiva donde se apela a las emociones. La persona con discapacidad puede desempeñar un papel importante en la congregación. No estamos para "librarlas", ellas nos pueden librar quizás de nuestro orgullo o materialismo. No pretendemos sanarlas, es sólo Dios quien tiene ese poder. Pero ellas pueden ser instrumentos para nuestra sanidad, en la medida en que nos permitan ver nuestra existencia de una manera diferente. Nos ayudan a entender que el valor de la persona no radica en sus riquezas, ni en el número de personas "amigas" en *facebook*, sino en su relación con Dios y con las personas que necesitan apoyo. Brett Webb-Mitchell, quien ha trabajado durante muchos años con personas con discapacidad cognitiva, afirma que, al contrario de lo que pensamos, son ellos los que pueden ayudarnos a crecer espiritualmente. Cuando pensamos que vamos a cambiar sus vidas, ¡de repente encontramos que son ellos los que están cambiando las nuestras!

Accesibilidad y adecuaciones

Podemos comprobar que muchas iglesias son iglesias accesibles, y esto realmente es un progreso, porque sin accesibilidad no hay inclusión. La accesibilidad física y en las formas de comunicación es clave si queremos ofrecer inclusión. Ahora tenemos más posibilidades de cambiar el ambiente de nuestras iglesias, hay muchas alternativas y más información. También contamos con el incentivo de las leyes estatales y de los acuerdos internacionales, cada vez más fuertes. Hemos visto que los cambios pueden ser moderados, no tienen que ser enormes. El cambio es, sobre todo, de paradigma. Ya no debemos decir que somos pobres y que no podemos hacer lo que en otros lugares aún más humildes han logrado con un poco de creatividad. Es un proceso, como nuestra caminata, lleva tiempo y necesita esfuerzo, pero todo depende de nuestra actitud, de tener la información precisa y de la toma de decisiones.

Aunque las adecuaciones se relacionan mayormente con la educación, es importante en la iglesia tomarse un tiempo para organizarnos y planear cómo adaptar las tareas de una manera adecuada para que todos puedan ser incluidos. Obviamente, en la escuela dominical se puede acondicionar un lugar tranquilo para la persona autista; o un lugar más iluminado para la persona con limitación visual. Debe ser natural tener flexibilidad con el horario para los que necesitan tiempo adicional para ciertas tareas. Podemos buscar alternativas para un niño en silla de ruedas durante los recreos, quizás pueda jugar baloncesto desde su silla, pero también puede preferir jugar fulbito de mesa. Si usamos nuestra creatividad, los niños con discapacidad no tienen que ser excluidos de estas actividades.

En otras áreas de la iglesia, es importante la creación de más accesos y menos barreras. Por ejemplo, el grupo de música puede incluir a alguien pese a que no esté en capacidad de subir las gradas o de leer música. Si la persona tiene un don musical y quiere usarlo para el Señor, busquemos cómo hacer adecuaciones para que puedan ejercer su talento. Por ejemplo, si usa una silla de ruedas, sólo necesita una rampa para subir y ser parte del grupo musical. Igualmente, si alguien con discapacidad física tiene dones pastorales y tiempo para atender a personas que están buscando consejería, debemos acondicionar un lugar adecuado para este servicio. De otro modo, esta persona podría ser privada de su oportunidad para participar en la vida de la iglesia, usando su don y apoyando a sus hermanos en el cuerpo de Cristo.

Liderazgo educado y sensibilizado

Sin un liderazgo educado y dispuesto a tomar decisiones en favor de las personas con discapacidad y ver en ellas oportunidades para la iglesia, no podemos avanzar más. El cambio de actitud tiene que empezar con nuestros pastores y líderes. La educación en instituciones teológicas de todos los niveles debe incluir información clara y una buena base bíblica. Estas instituciones también deben ser accesibles; sólo de este modo podremos tener líderes preparados siendo ellas mismas persona con discapacidad. Si nuestros mejores maestros en el área de discapacidad son personas que experimentan discapacidad, entonces deben estar presentes en los lugares educativos, como estudiantes y también como maestros. Hay muy pocas instituciones que han hecho un esfuerzo para enseñar esta materia[14]. Es un tema que el reverendo Noel Fernández, de la Red Ecuménica en Defensa de las Personas con Discapacidad (EDAN), anhela que se enseñe en nuestras instituciones teológicas. EDAN publicó un libro sobre teología y discapacidad para estimular el interés, y esperamos ver cursos que incluyan el tema en el futuro. Las organizaciones grandes y los ministerios locales deben estar más atentos a ello y exigir que sus miembros se sensibilicen y sean

---

[14] Un buen ejemplo es ESEPA de Costa Rica, que tiene un curso de bachillerato que se llama "Fundamentos para trabajar con la persona con discapacidad", donde han estudiado personas con y sin discapacidad.

capaces de incluir personas con discapacidad en cada programa y proyecto.

Apoyo pastoral

Hemos señalado la importancia de dar soporte a la persona con discapacidad (y su familia) en su vida espiritual. Estas personas enfrentan retos muy específicos y, a veces, pesados. Es fundamental contar con pastores preparados para escucharlas sin juzgar, sin quitarles su dignidad como personas. Las respuestas fáciles y superficiales no sirven y pueden hacer daño, pero lo que cuenta es la buena voluntad y la paciencia para escuchar las historias. No siempre necesitan consejería, sino alguien que los escuche, que les preste atención. También es importante saber cómo defenderlas, especialmente cuando se limitan sus derechos.

Poner fin a la segregación y exclusión

Aunque algunos van a necesitar hogares o refugios para personas con discapacidad porque han sido abandonados o ya no tienen familia, debemos buscar la forma de poner fin a la segregación y exclusión que muchas veces brindan tales lugares. Obviamente, no queremos cerrar todos los hogares, pero es tiempo para una evaluación muy seria. ¿Existen estos hogares para las personas con discapacidad o para nosotros? ¿Quién gana más? ¿No podemos ofrecerles algo que les permita mayor participación en la sociedad? Normalmente son muy costosos, y no son iguales a un hogar familiar. Han sido construidos por necesidad cuando la familia no puede cargar con la persona. Quizás la respuesta es dar más ayuda a las familias disfuncionales antes de que abandonen a sus hijos. Podemos usar el modelo de Casa Viva, con una familia de la iglesia ofreciendo su hogar para el niño por un tiempo hasta que la familia biológica esté lista otra vez. En nuestros ministerios y organizaciones, debemos evaluar las opciones y ser creativos en la fundación de modelos diferentes.

Ofrecer un apoyo práctico a la familia

¿Cuáles son las alternativas viables para mantener al niño en su familia? No tienen que ser algo muy formal. Puede ser un apoyo práctico como comprar comida, lavar la ropa o limpiar la casa. Puede ser, también, llevarlo en su carro a una cita en el hospital, visitarlo en su casa o llevarlo a la playa. Todas estas acciones pueden ayudar a la familia a no llegar a un punto de cansancio extremo o "quemado". La formación de un grupo de voluntarios (de preferencia con algunos profesionales o padres de familia con experiencia), puede ayudar a una pareja. No todas las parejas o familias buscan o necesitan ayuda pero, cuando hay confianza, puede ser un área de servicio muy importante.

Un concepto que no he visto en América Latina, pero que puede hacer una gran diferencia para mantener una pareja unida después de muchos años de atender a su niño o niña, son los cortos periodos de descanso. En inglés hablamos de *respite care*, la atención que dan otras personas mientras los padres toman un pequeño refrigerio, van de vacaciones o simplemente descansan en casa. Dentro de esta estrategia, hay muchos diferentes modelos, desde lo muy profesional hasta lo informal, y en nuestro contexto debe ser una repuesta bien pensada y con políticas de protección.

Es posible que ya existan modelos informales en la familia extendida, cuando los abuelos o tíos ofrecen a la pareja un día o un fin de semana "libre" y cuidan al niño en su casa o en la casa de la familia. En otros casos, la pareja vive en una familia extendida, y en una forma natural la pareja puede pedir un tiempo a solas. No tienen que ser familiares, pues a veces los buenos amigos ofrecen ayuda. En otros casos, unas mamás pueden ofrecerse ayuda mutua, de modo que una de ellas se tome un descanso mientras la otra cuida a los dos niños, y después al contrario, para que descanse la otra mamá.

Quizás no estamos acostumbrados a ofrecer este tipo de servicio en nuestra cultura latina, pero puede ser un salvavidas para la pareja o la mamá que ya no tiene paciencia, fuerza ni esperanza. Compartir nuestras cargas es un mandato bíblico (Gá 6.2). Esto no es una vergüenza para la familia ni una señal de falta de fe, es simplemente reconocer nuestros límites. Normalmente, los padres saben que el cuidado diario de sus hijos es solamente hasta su independencia, su mayoría de edad, y que después son los padres quienes pasan a depender de sus hijos para que estos los ayuden cuando tienen muchos años o si están enfermos. Pero muchos padres de hijos con discapacidades no pueden descansar, pues sus hijos dependen de sus cuidados, a todas horas del día y la noche, año tras año.

El cuidado de largo plazo es algo que puede formar parte de un programa del Estado junto con la iglesia. En última instancia, si los padres abandonan a su hijo, el Estado debe cuidarlo, pero desgraciadamente no es una buena opción. La prevención es siempre mejor que la curación, y debemos hacer algo frente al índice alto de divorcios y madres abandonadas.

Inclusión en servicio

Ser miembro de una iglesia implica usar sus dones de servicio para el beneficio del cuerpo de Cristo, para mostrar al mundo qué clase de Dios tenemos. Si no tomamos medidas para ser flexibles, podemos privar a nuestros hermanos de la oportunidad de expresar el amor de Cristo a través del servicio. Si queremos ser inclusivos, debemos ofrecer diferentes modelos de servicio, no solamente los tradicionales. Por ejemplo, si alguien con discapacidad tiene un don pastoral, puede usarlo a través de Internet o del teléfono, desde su casa. Y debemos asegurarnos de que se valore todo tipo de servicio por igual. El hombre que organiza el parqueo no es menos importante que el hermano que predica, si todo lo hace para el Señor y con todo su esfuerzo. ¡No hay límites!

Reconciliación

Después de tanto tiempo ignorando a las personas con discapacidad y sus familias, quizás debamos pedirles perdón. Una manera para hacerlo sería hacer campaña a su favor o intencionalmente invitarlas a ser miembros de nuestras iglesias. Cada iglesia puede hacer una encuesta para encontrar estas familias, pues muchos ya no quieren entrar a una iglesia, han sido "inoculados" y prefieren mantenerse a distancia. El hecho de que no se congreguen no quiere decir que no son fieles a Dios o que no quieren saber más de Jesús.

Podemos cambiar nuestras actitudes y mostrarles que somos solidarios con ellos. Hemos dicho que un 25% de la población tiene una discapacidad o son familiares o personas cercanas. Este es un gran número de personas que potencialmente pueden regresar a nuestros templos y participar en la obra del Señor. Son hombres, mujeres, niñas y niños que viven al margen de la comunidad de fe y necesitan ser incorporados otra vez. Cada persona tiene su historia, su angustia y su talento, que puede ser útil para el crecimiento de la iglesia. Si podemos buscarlas y reconciliarnos con ellas, mostrándoles el amor de Cristo con nuestro cariño y un nuevo pastoreo, experimentarán un futuro seguro y la esperanza que anhelan para superar las crisis de su situación.

Importancia del tiempo

La caminata con personas con discapacidad requiere tiempo. Si queremos acompañar a la persona que camina de manera más lenta, tenemos que bajar nuestra velocidad. Si requiere más tiempo para comunicar las ideas por razones físicas o cognitivas, es obvio que debemos esperar su mensaje con paciencia. Si no queremos esperarlas, nuestra impaciencia mostrará una indiferencia hacia ellas y sus opiniones. ¿Por qué nos cuesta tanto ir más despacio?

Para muchos, este es el obstáculo: vivimos en el mundo de lo instantáneo y de la "comida rápida", no tenemos tiempo para la familia, ni para todos los sueños personales y menos para el servicio en la iglesia. Dios nos llama a vivir en contracultura. En nuestro contexto, dar nuestro tiempo liberalmente es un reto muy alto, pero en el aprendizaje de paciencia encontramos un regalo. No es automático y confieso que no lo he logrado todavía, pero reconozco su importancia. Acompañar a la persona con discapacidad nos obliga, en muchas situaciones, a bajar la velocidad pero no la calidad. ¿No es posible que si logramos caminar más lentamente, podamos aprender a ver con claridad y actuar con más reflexión?

El fin de nuestra caminata

Sabemos que esta caminata no tiene fin. Es una caminata de por vida. Como una expresión de mutualidad e interdependencia, necesitamos a nuestros hermanos con discapacidad, con todos sus dones y diferencias, mientras que ellos necesitan de nuestra amistad y solidaridad. Disfrutemos esta caminata con un espíritu de aventura y aprendizaje. El cuerpo de Cristo está conformado por muchos miembros diferentes, y sin las personas con discapacidad no sería tan hermoso. Pablo, escribiendo a los romanos dice: "formamos un solo cuerpo en Cristo, y cada miembro está unido a todos los demás" (Ro 12. 5).

Es una caminata por la eternidad, vamos a encontrar a nuestros amigos al lado de Jesucristo cuando lleguemos a la ciudad celestial. Entonces ya no habrá lágrimas, ni frustración, ni dolor, ni exclusión; estarán presentes todos los que han clamado a Dios por su perdón y salvación en el nombre de Cristo. Sólo Dios sabe quién lo ha hecho de verdad, sólo él sabe el corazón de cada persona. Podemos confiar en su poder, en la sangre de Jesús y en su amor. Él es capaz de salvar a cada persona que muestra su deseo de seguir a Jesús. Confesamos humildemente que no merecemos recibir el amor de Dios, no podemos comprarlo ni ganarlo por nuestra excelencia, es un regalo. Otra vez leemos las palabras del apóstol Pablo, "El amor debe ser sincero. Aborrezcan el mal; aférrense al bien. Ámense los unos a los otros con amor fraternal, respetándose y honrándose mutuamente" (Ro 12.9,10). Tampoco podemos comprar ni ganar el aprecio de nuestros compañeros en la caminata, no somos más santos por emprender la aventura, pero podemos recibir el regalo de su compañía y, con respeto mutuo, dar nuestra amistad y juntos llegar a la meta, que es estar con Dios para alabarlo a él y disfrutar de su presencia en igualdad y amor.

Terminamos con las palabras de Elena: "La vida es un reto para todas las personas. Para los que nacemos con una discapacidad como yo, todavía lo es más. He decidido luchar, hablar del amor de Dios. Que una discapacidad física, fisiológica o cognitiva no sea un impedimento para soñar y para dar testimonio del amor de Dios. En cuanto a mi sordera, sé que no es fácil, que me tienen que tener paciencia; pero, por favor no tengan temor de acercarse, me encantaría conocerlos a todos y todas".

Preguntas para reflexión

- ¿Cuáles de las estrategias le parece más urgente en su iglesia? ¿Qué puede hacer al respecto?
- ¿Ha cambiado de opinión respecto a las personas con discapacidad y su papel en la iglesia? ¿Cómo puede iniciar cambios en su iglesia y en las instituciones teológicas para brindarles igualdad de oportunidades?
- Si estamos en Cristo, ¿cómo podemos balancear las situaciones reales de hoy con la esperanza del futuro que todos tenemos, tanto las personas con discapacidad como las personas sin discapacidad?

Capítulo 11

Una persona se detiene
y mira las huellas de otras personas que caminaron por allí.

Un paso más
con una óptica diferente

Problemas con mi visión

Este libro se publicó en su primera edición hace ocho años, en 2012. Ahora estamos en 2020, y en ese lapso, por una distrofia de las córneas de mis ojos, perdí mucha claridad en mi visión. Durante cuatro años no pude leer ningún libro. ¡En vez de **enseñar** sobre la discapacidad, **experimenté** la discapacidad! Realmente fue un aprendizaje en carne propia. Aunque nunca busqué esa experiencia, doy gracias a Dios porque me ayudó a entender mucho más acerca del «mundo» de la discapacidad. Palpé la frustración de ser dependiente, de necesitar más tiempo para terminar una tarea que antes me había sido muy fácil. Aprendí un poco de la tristeza de dejar ciertas ocupaciones, especialmente mi pasatiempo favorito: leer libros. Asimismo, en la iglesia ya no podía leer la letra de los coros, ni una presentación en PowerPoint ni el boletín. Me sentí inútil y diferente de las otras personas. Comprobé mi vulnerabilidad al viajar, especialmente a lugares desconocidos; hasta cruzar una calle se convirtió en una actividad peligrosa. Tuve que cambiar mis rutinas y organizar mi ambiente para poder encontrar diferentes artículos. No siempre podía reconocer a mis amigos al encontrarlos en la calle, a menos que ellos me hablaran. No podía ver los pájaros en los árboles ni encontrar los caracoles en la playa.

Felizmente, nunca perdí toda la visión y sabía que no era incurable, que no era permanente. Hace cuatro años empecé un proceso para recibir trasplante de córneas, hasta que finalmente me operaron y poco a poco pude recuperar mucho de la visión que tenía antes. Ahora puedo leer libros otra vez y, aunque mi visión no es completa, no tengo todos los problemas que experimenté antes. Nunca voy a olvidar las experiencias de esos años y doy gracias a los médicos y a las personas que donaron sus córneas para que yo pudiera ver otra vez. Realmente, hoy veo todo con una óptica diferente.

En este nuevo capítulo veremos con esta óptica desafiante a la sociedad en que vivimos. Preguntaremos si hay cambios positivos en la iglesia o si seguimos con la misma dificultad para enfocarnos en uno de las más grandes agrupaciones de personas marginadas y sin evangelizar en el mundo.

Como miembros de iglesias en América Latina, ¿vemos la situación con claridad?

Hoy es posible dimensionar con más seguridad la situación en el continente donde vivimos. Por ejemplo, un nuevo estudio en Costa Rica muestra que entre la población adulta hay un 18 % de personas con alguna discapacidad. Esta cifra, aunque no incluye a la población infantil, supera por mucho el número de 15 % que la Organización Mundial de Salud da como promedio global. Es muy probable que nuevas y mayores cifras se reporten en otros países en América Latina, especialmente en los cuales hay una población cada vez de más edad.

En medio de la situación social, que lentamente muestra mejorías, parece que la iglesia sigue ignorando a las personas con discapacidad y mayormente no da prioridad a la adaptación de sus instalaciones. Podemos decir que algunas han hecho intentos para mejorar la accesibilidad a sus templos, pero lo que más se nota es una indiferencia por las vidas de las personas con discapacidad y las de sus familias. Desgraciadamente, muchas iglesias locales hacen cambios en su infraestructura solo por obligación, porque las leyes nacionales lo exigen. Damos gracias a Dios por el Convenio Internacional de Derechos para Personas con Discapacidad, pues sin este convenio, estas leyes no existirían. Sin embargo, esto nos deja una pregunta importante: ¿no es triste que dependamos de una ley de la humanidad cuando la Biblia ya nos da instrucciones claras en cuanto a nuestro trato con la población que vive con discapacidad?

Vemos iglesias que ofrecen esperanza a los que sufren en este mundo. Sabemos que la falta de recursos lo hace más difícil. Pero también vemos iglesias donde hay mucha gente profesional o empresarios que no han sido educados ni animados a abrir sus puertas a las personas con discapacidad. ¿Qué podemos hacer para luchar contra esta ignorancia y falta de compasión? Las adaptaciones arquitectónicas son muy importantes; pero, sin actitudes diferentes que reflejen la compasión y el amor de Dios, no siempre resultan en un ambiente realmente positivo. Creo que veremos cambios en nuestra actitud cuando experimentemos discapacidad en carne propia, pues con la vejez es frecuente que adquiramos algunas dolencias y discapacidades, como la que acabo de sufrir. Será una vivencia que estimulará una renovación en nuestras mentes y nuestros corazones.

¿Qué dicen los líderes?
La óptica del movimiento Lausana

En el Congreso de Evangelización Mundial realizado en Ciudad del Cabo en 2010, los líderes evangélicos que participaron elaboraron un documento titulado *El compromiso de Ciudad del Cabo*. Una parte de éste trata sobre las personas con discapacidad (sección IIB).

Documento:
El compromiso de Ciudad del Cabo (5)

Edificar la paz de Cristo
en nuestro mundo dividido y quebrantado

4. La paz de Cristo para las personas con discapacidades
Las personas con discapacidades forman uno de los mayores grupos minoritarios del mundo; se estima que superan los 600 millones de individuos. La mayoría de estas personas viven en los países menos desarrollados, y se encuentran entre los más pobres de los pobres. Si bien los impedimentos físicos o mentales forman parte de su experiencia cotidiana, la mayoría de ellas también se encuentran discapacitadas por actitudes sociales, injusticia y falta de acceso a los recursos. El servicio a las personas con discapacidades no finaliza con la atención médica o la provisión social; implica luchar junto a ellas, las personas que las cuidan y sus familias, por la inclusión y la igualdad, tanto en la sociedad como en la Iglesia. Dios nos llama a la amistad, el respeto, el amor y la justicia mutuos.

a) Levantémonos como cristianos en todo el mundo para rechazar los estereotipos culturales porque, como dijo el apóstol Pablo, «de aquí en adelante a nadie conocemos según la carne»(«según criterios humanos», NVI). [6] Hechos a la imagen de Dios, todos tenemos dones que Dios puede usar en su servicio. Nos comprometemos a ministrar a las personas con discapacidades, y a recibir el ministerio que ellas pueden brindar.

b) Alentamos a los líderes de la iglesia y de misiones a pensar no sólo en la misión entre las personas con discapacidades, sino a reconocer, afirmar y facilitar el llamado misional de los propios creyentes con discapacidades como parte del Cuerpo de Cristo.

c) Nos duele que a tantas personas se les diga que su discapacidad se debe a un pecado personal, a su falta de fe o a que no están dispuestas a ser sanadas. Negamos que la Biblia enseñe esto como una verdad universal.[7] Esta clase de falsa enseñanza es pastoralmente insensible y espiritualmente discapacitante; agrega la carga de la culpa y las esperanzas frustradas a las otras barreras que enfrentan las personas con discapacidades.

Nos comprometemos a hacer de nuestras iglesias lugares de inclusión e igualdad para las personas con discapacidades y a acompañarlas para resistir los prejuicios y defender sus necesidades en la sociedad más amplia.

[6] 2 Corintios 5.16
[7] Juan 9.1-3

En este documento vemos unas ideas sobre la responsabilidad de la iglesia hacia esta población. Se menciona en la introducción que «Dios nos llama a la amistad, el respeto, el amor y la justicia mutuos». Aunque estamos de acuerdo, queda esta pregunta: ¿cómo podemos instar y animar a las iglesias a poner en práctica este llamado? Frente la indiferencia de muchos pastores y sus congregaciones, no es sorprendente escuchar gritos de tristeza y frustración.

Entonces, ¿qué podemos entender del documento del Movimiento Lausana? En lo que resta de este capítulo, comentaré sobre algunas ideas que me parecen muy importantes.

a) *Debemos ver a las personas con discapacidad a través de una nueva óptica, como miembros plenos de la congregación y como obreros en la iglesia*

En general, estamos de acuerdo con estas ideas de la sección (a) del documento. En capítulos anteriores de este libro he comentado sobre algunos textos bíblicos que nos dan luces sobre la situación de las personas con discapacidad, por lo cual podemos declarar que es cierto que todos somos creados a imagen de Dios. Por ello, no debe existir discriminación o exclusión en nuestras iglesias. Peor aún es el desprecio que algunos muestran cuando alguien con síndrome de Down o autismo se ubica al lado de ellos durante un culto. No es fácil luchar contra este tipo de rechazo. Para esto, el respeto, la amistad y el amor son fundamentales entre hermanos en nuestras congregaciones.

¿Qué significa «ministrar a las personas con discapacidad y recibir el ministerio que pueden brindar»? Aunque podemos decir que estamos listos para ministrar a ellas, muy pocas veces estamos dispuestos a recibir a alguien con discapacidad física o sensorial y mucho menos a una persona con discapacidad cognitiva. Debemos reflexionar mucho más sobre nuestras actitudes y dejar atrás la lástima que frecuentemente sentimos al ver a alguien con discapacidad. Casi siempre cuando hablamos de un ministerio con personas con discapacidad, es para hacer algo a su favor. Casi nunca pensamos que ellas pueden ayudarnos a nosotros. Sin embargo, es posible encontrar muchas personas con discapacidad que potencialmente pueden ministrar con sus dones. Son personas que pueden ser muy sensibles por sus experiencias. Además, es posible que tengan más tiempo disponible si no pueden trabajar a tiempo completo.

Quiero darles un ejemplo de una mujer de El Salvador: Marcela. Ella siempre fue muy activa en su iglesia, enseñando en la escuela dominical, hasta que una enfermedad degenerativa le costó su capacidad para caminar y tuvo que usar una silla de ruedas. Como la infraestructura de la iglesia no permitía que esta fuera muy accesible, ella se sintió inútil e incapaz para seguir su labor como maestra. Así, pasó varios años con depresión y sin tener oportunidades para usar sus dones.

Pensó que Dios ya no tenía más planes para ella, que ya no podía servir en la iglesia. Sin embargo, alguien le obsequió este libro y empezó a entender que Dios la estaba llamando a ser activa otra vez. Además, encontró un grupo que la ayudó a comprender su situación como creyente y a adaptarse mejor a la realidad. Ahora trabaja con otras personas con discapacidad y está sirviendo al Señor en su congregación.

Otro ejemplo es un médico peruano: Aníbal Del Águila Escobedo. Se puede leer su historia en su libro *Dos carreras, una meta en la vida de un médico con cuadriplejia*. Él tuvo un accidente cuando todavía estudiaba medicina en Lima. Su recuperación fue muy difícil, pero, a pesar de su cuadriplejia, nunca dejó su sueño de ser médico, y en la actualidad ya tiene muchos años de ejercer su profesión.

Estos son dos ejemplos, de los muchos, de personas que viven con una discapacidad, pero que se encuentran activas, usando plenamente sus dones y sus conocimientos.

b) Debemos ver a la persona con discapacidad como actor en la misión de la iglesia

Es probable que nunca hayamos pensado en la participación de las personas con discapacidad en la misión de la iglesia; no pensamos en lo que pueden ofrecer como obreros y misioneros. Para ello, sería necesaria una acción mucho más radical, un paso mayor, que requiere trabajo y cambios. ¿Podemos romper esquemas y facilitar a nuestros hermanos con discapacidad un espacio en nuestras organizaciones? Es importante reconocer algo que Dios está haciendo con personas que antes han sido rechazadas. El cuerpo de Cristo lo conforman muchos miembros. Quizás debamos reflexionar sobre esta posibilidad y empezar a cambiar estructuras en nuestros seminarios y en otros lugares de educación cristiana, a fin de que nuestros hermanos puedan prepararse para la misión de la iglesia adecuadamente.

En 2019, en los Estados Unidos de Norteamérica, se publicó un libro titulado *Disability in Mission; the church's hidden treasure* (Discapacidad en misión, el tesoro escondido de la iglesia), editado por David C. Deuel y Nathan G. John. Lo interesante y nuevo de este libro es que trata sobre personas con discapacidad en el campo misionero. Ya hemos dicho que es necesaria su plena inclusión en la iglesia no solamente como sujetos, sino también como actores. Este libro postula precisamente la idea de su colaboración misionera y presenta las historias de varias personas con discapacidad que han laborado como misioneros u obreros.

Un caso interesante de los primeros años del siglo pasado es el de un joven cristiano, Kaputula Kasonga, de Zambia. Cuando tenía catorce años, no regresó a sus estudios después de las vacaciones, y un día unos misioneros de su escuela lo encontraron en un lugar muy aislado porque había contraído lepra. Ellos cuidaron a Kaputula, quien ya tenía las manos y los pies deformados, pero que, más adelante, como era un excelente estudiante y evangelista, trabajó entre la gente de su pueblo. Viajaba constantemente a evangelizar en lugares donde no había iglesias y los habitantes no conocían a Cristo. También trabajó en la traducción de la Biblia en su idioma: lamba; su ayuda fue significativa para asegurar que la traducción fuese fiel. Llegó a ser uno de los líderes más importantes en las iglesias de su país. Cuando ya no podía caminar ni escribir por los efectos de su enfermedad, otras personas lo ayudaron, llevándolo a diferentes lugares y trabajando como sus escribas. Kaputula se identificó con la gente más sufrida y pobre. Mostró su vulnerabilidad, y ello impactó a la gente y la hizo más dispuesta a escuchar su mensaje. ¿Puede ser una ventaja tener una discapacidad?

Otros casos describen cómo Dios les dio una misión a personas con alguna discapacidad y ellas aceptaron el reto. Sabemos que Moisés trató de argumentar que no podía ir donde el faraón porque tenía problemas de habla (Éx 4.10-12). Dios le contestó que Él mismo le iba a dar soporte, y le propuso a Aarón como su asistente.

Lo que pudo hacer Moisés con la ayuda de Aarón fue más que lo que pudo realizar solo; pero, sin duda Aarón tampoco iba a lograr el mismo impacto trabajando solo, pues Moisés era el escogido y estaba equipado por Dios. ¿Quién de nosotros puede decir que Moisés no hizo bien su trabajo? ¿Podemos pensar que Dios mandaría a alguien con discapacidad al campo misionero hoy? Si tenemos dudas, debemos reflexionar sobre nuestro entendimiento del poder de Dios y su soberanía. Dios escoge con frecuencia a las personas aparentemente débiles y sin importancia (1Co 1.28,29).

Consideremos también el impacto de un bebé con discapacidad en las familias cristianas de América Latina que cumplen la labor de misioneros en diferentes partes del mundo, donde un niño con discapacidad puede causar un choque cultural. Si en la cultura latinoamericana todavía es difícil hablar del valor de un bebé con discapacidad, imaginémonos lo que ocurre en una cultura donde la discapacidad se ve mucho más como consecuencia de una maldición, una brujería o un castigo de Dios. En muchos lugares del mundo el estigma es muy fuerte, por lo que hace falta una educación sobre las causas de la discapacidad.

Una familia misionera con un miembro con discapacidad no debe sentir vergüenza ni provocar lástima. En medio de la tristeza natural y las circunstancias difíciles, esta familia puede ayudar a otras familias en situaciones semejantes a que aprendan que sus hijos con discapacidad tienen valor, por lo que pueden integrarse en la sociedad y desarrollar al máximo sus talentos. La presencia de alguien que aparentemente es débil o frágil deja espacio para el poder de Dios.

c) Debemos ver nuestros errores al estigmatizar a las personas con discapacidad

Esta sección (c) sobre las enseñanzas falsas es muy importante. Debemos rechazar con bastante énfasis los mitos y estereotipos que todavía son notables en algunas congregaciones. Es urgente insistir en que la Biblia no culpa a las personas con discapacidad por su condición, pues vemos en Jesús la compasión y el amor sincero que Dios tiene hacia ellas. Todos somos pecadores, con o sin discapacidad, y nadie es más pecador por tener una discapacidad. Debemos estar listos para corregir estas ideas, que no son bíblicas, y enfrentar a los que siguen enseñándolas. Hace falta una educación positiva desde el púlpito y, en algunos casos, una confesión de pecados por parte de los que han tratado con menosprecio a las personas con discapacidad.

En conclusión, vemos que el Movimiento Lausana dice que solo un 5-10 % de personas con discapacidad han recibido el evangelio de manera efectiva (p. 116). Asimismo, notamos que este grupo representa potencialmente un recurso para la extensión del reino de Dios. Necesitamos trabajar para presentarles el evangelio y hacerlos discípulos, dándoles las mismas oportunidades para crecer y colaborar.

¿Qué debe pasar para que todos cambien su óptica?

Quizás podamos hacer énfasis en tres áreas.

1. Debemos obtener mayor información usando nuevos instrumentos. Una de las herramientas que podemos usar, si buscamos datos confiables, se llama Preguntas de Washington Group. Los sociólogos, y otros profesionales que estudian poblaciones, utilizan este instrumento con bastante frecuencia. Pero también podemos usarlo nosotros en las iglesias para entender la situación de las personas con discapacidad en nuestras comunidades. Existen versiones para adultos y para menores de edad.

Todas las preguntas son fáciles de entender; por ejemplo: «En comparación con los niños de la misma edad, ¿(*nombre*) tiene dificultad para caminar? ¿Diría que (*nombre*) no tiene ninguna dificultad, tiene cierta dificultad, tiene mucha dificultad o le resulta imposible?».

Incluyan preguntas sobre todo tipo de discapacidad y usen un lenguaje sencillo. Donde antes preguntaron, sin ninguna explicación de términos, si alguien en la familia tenía una discapacidad, ahora pregunten sobre diferentes aspectos, como la vista, el oído, la capacidad motora y la cognición. Es importante que logren respuestas más certeras y también detalles importantes, como la severidad de la discapacidad. Además, deben informarse sobre diferentes discapacidades en la misma persona; esto es importante porque muchas personas tienen más de una discapacidad (https://data.unicef.org/resources/module-child-functioning/)

2. La educación teológica y la práctica acerca del tema de la discapacidad sigue siendo débil y debe ser mucho más intencional, especialmente en nuestras instituciones teológicas y en la preparación de nuestros pastores. Un cambio para incluir este tema en nuestros sílabos puede contribuir en la formación de líderes mejor equipados para trabajar con personas con discapacidad. Se espera que estas mismas instituciones puedan educar y preparar personas con discapacidad para servir en nuestras iglesias y misiones. Su presencia sería una clara señal de que la iglesia quiere incluirlos en su vida y su misión como participantes plenos y valorados. Además, ofrece una visión diferente de los valores del reino de Dios, donde lo que no tiene importancia en el mundo puede ser indispensable para la extensión del Reino.

3. Las familias deben recibir mucho más apoyo. Aunque hemos hablado de los avances en la preparación para la vida independiente de muchas personas con discapacidad, y la posibilidad de que ellas puedan ser protagonistas en la misión de la iglesia, existe un grupo que siempre necesitará un cuidado de tiempo completo, normalmente por parte de sus familias. El trabajo pastoral entre este grupo es una necesidad que todavía no estamos preparados para asumir. Cuando las familias ya no pueden seguir cuidando a alguien, no hay muchas opciones. Pero no debemos esperar una crisis para ayudarlas. Podemos darles un poco de apoyo antes de llegar a este punto. Implica ser sensible a sus luchas y pasar tiempo acompañándolas. Se necesitará un equipo de personas dispuestas a apoyar en lo que se pueda. Interactuar con estas familias nos puede

ayudar a entenderlas mejor y a ser más empáticos. Esta misma empatía nos prepara para generar cambios en la iglesia, a fin de que estas familias se sientan incluidas.

Otra realidad dura es la muerte de una persona con discapacidad. Es un momento sumamente difícil para la familia. ¿Cómo estamos dando soporte en estos momentos amargos al final de la vida de alguien vulnerable? Debemos entender que no es simplemente un alivio, aunque esto sea lo que piensen algunos por equivocación, sino una pérdida enorme. Muchas mamás «pierden» su razón de vivir cuando muere su hijo con discapacidad, y les es difícil rehacer sus vidas. Sigo pensando que la iglesia puede ofrecer mucho más apoyo a estas familias hasta que encuentren el sentido de la vida otra vez.

Finalmente, queremos declarar que todo está bien en Cristo. Nuestra óptica debe ser a través del amor de Dios, expresado en la vida, la muerte y la resurrección de su hijo Jesucristo. Cuando ponemos a Cristo en el centro del universo, de la historia y de nuestras propias vidas, entonces vemos todo en su lugar.

En este libro hemos hablado constantemente de las personas con discapacidad como personas creadas a imagen de Dios y, por ende, con valor y merecedoras de respeto y dignidad; pero todo esto sólo será verdad si mantenemos a Cristo en el centro. Toda la humanidad tiene un fin, que es glorificar y alabar a Dios durante la eternidad.

Los invitamos, como Jesús nos mandó, a buscar y hacer discípulos no solamente entre las personas iguales a nosotros, sino entre todo tipo de persona. Que vengan las personas con discapacidad, en silla de ruedas, con andaderas, con bastones, que viven sin brazos, o con cuerpos diferentes, con audífonos, los que hablan en señas, que caminan con la ayuda de perros guías, y los que no han logrado leer ni escribir, pero aman a Cristo con todo el corazón. Que vengan también las personas que se encuentran en el *espectrum* del autismo, las que sufren de epilepsia, las que tienen parálisis, las que viven con diferentes síndromes que causan dolor y las que tienen cuerpos distorsionados. Todas están invitadas; solo tienen que pedir perdón y reconocer a Cristo como salvador y Dios. En ellas tenemos una nube muy grande de testigos; por el amor de Dios, y por su fe en Él, pueden testificar que vale la pena vivir. Esas personas, a pesar de sus dificultades, tienen vida abundante y, al morir, gozarán de la eternidad en Cristo, juntas con la gran familia de Dios.

Preguntas de reflexión

- ¿Qué cambios en cuanto al trato de las personas con discapacidad ha visto en la sociedad en los últimos diez años?
- ¿Ha observado en su iglesia cambios de actitud y de infraestructura que favorezca a las personas con discapacidad?
- ¿Cuál sería el paso más importante que su iglesia debería tomar para incluir mejor a esta población?
- ¿Qué rol puede jugar usted para que su iglesia tome este paso?
- ¿Cuáles son los beneficios para toda la congregación?

Bibliografía

En español

Esta es una selección de libros disponibles en español sobre el tema de discapacidad con énfasis en iglesia y vida espiritual. Existen muchos más libros que estos.

Libros cristianos

Estela M. De Bardiz

    2008   *El niño con necesidades especiales*, Córdoba: Ediciones Crecimiento Cristiano.

Alejandro Pimentel (editor)

    2010   *Compartiendo la palabra de Dios con personas con discapacidad intelectual*, recurso para líderes, Grand Rapids: Friendship Ministries.

Daniel Salinas y Gayma D. Salinas

    1999   *Pero tendrás Alas. Karis, una niña con parálisis cerebral*, La Paz: Editorial Lámpara.

CLAI/EDAN

    2009   "Primera Consulta Latinoamericana sobre Teología y Discapacidad, Quito - Ponencias", San José: EDAN.

Seminario Bíblico Latinoamericano

    1995   "Sin barreras para nadie, pastoral de personas con limitaciones funcionales", San José: S. B. L.

Francisco Zuza Garralda

    2000   *La persona con discapacidad grave: desafíos y líneas de acción pastoral*, Santander: Editorial Sal Terrae.

Ricardo Gross (editor)

    2006   *Una iglesia de todos y para todos*, Buenos Aires: Ediciones Kairós.

Hipólito Martínez

    2001   *Los discapacitados, hermanos nuestros predilectos de Dios*, Buenos Aires: Editorial Claretiana.

Mariana Ruybalid

    1990   *La persona con limitaciones funcional: el reto para la iglesia*, San José: CELEP.

Gabriela Hirmas de Chiquíe

    2003   *Fragmentos de mi alma*, La Paz: Editorial Lámpara.

    2006a *El jardín de Daniel*, Cochabamba: Red Viva Bolivia.

    2006b *Educación, pasión y significado*, Cochabamba: Grupo Editorial Kerigma.

    2009   *Mi planeta* x, Cochabamba: Grupo Editorial Kerigma, segunda edición.

María Elena Mamarian

    2008   *Esperanza en medio de ilusiones perdidas*, Buenos Aires: Ediciones Kairós.

Galud Almeida Teraín

    2002   *Yo testifico del poder de Dios sobre mi vida*, segunda edición, Quito: s. e.

Rebecca Grynspan Flikier

    2002   *¡Hasta el cielo y las estrellas!*, San José: Editorial Aristos.

Libros seculares

María Shriver

    2001   *¿Qué le pasa a Timmy?*, Boston: Warner Books y Little, Brown and Company.

David Werner

    1999   *Nada sobre nosotros sin nosotros, desarrollando tecnologías innovadoras para, por y con personas discapacitadas*, México: Editorial Pax.

Consejo Nacional de Rehabilitación y Educación Especial

    2006a *Las necesidades y oportunidades de las personas con discapacidad en Costa Rica*, San José: Consejo Nacional de Rehabilitación y Educación Especial y la Agencia de Cooperación Internacional de Japón.

    2006b *Rehabilitación en Costa Rica: situación y perspectiva*, San José: Consejo Nacional de Rehabilitación y Educación Especial y la Agencia de Cooperación Internacional de Japón.

Adriana Gómez Gómez

2006   *¡Incluyamos a los miembros juveniles con discapacidad!*, San José: Asociación de Guías y Scouts de Costa Rica.

María Gabriela Marín Arias

2002   *Atención del niño excepcional*, San José: EUNED.

2011   *Alumnos con necesidades educativos especiales*, San José: EUNED.

Marcela Campabadal Castro

2001   *El niño con discapacidad y su entorno*, San José: EUNED, .

Lady Meléndez Rodríguez

2005   La educación especial en Costa Rica, fundamentos y evolución, San José: EUNED.

Luis F. Astorga Gatjen

2008   *Por un mundo accesible e inclusivo, guía básica para comprender y utilizar mejor la Convención sobre los derechos de las personas con discapacidad*, San José: Instituto Interamericano sobre Discapacidad y Desarrollo Inclusivo (IIDI) y Handicap International (HI).

Marta Schorn

2002   *Discapacidad, una mirada distinta, una escucha diferente*, Buenos Aires: Lugar Editorial.

María M. Camacho Álvarez y Heidy Ávalos Rodríguez

2000   *Integración del niño sordo en el aula regular de educación preescolar*, San José: EUNED.

Carmen Lyra

2002   *En una silla de ruedas*, San José: Editorial Costa Rica.

Patricia McAller Hamaguchi

2002   *Cómo ayudar a los niños con problemas de lenguaje y auditivos*, México: Editorial Águila.

Alberto Espina y María Asunción Ortego

2003   *Discapacidades físicas y sensoriales, aspectos psicológicos, familiares y sociales*, Madrid: Editorial CCS.

Miriam Estela Valle

1994   *La discapacidad sin miedos*, Buenos Aires: Editorial Espacio.

Fernado Sell Salazar

2003   *Epilepsia en la niñez*, San José: Editorial Tecnológica de Costa Rica.

María José Borsani y María Cristina Gallicchio

2000   *Integración o exclusión. la escuela común y los niños con necesidades educativas especiales*, México: Ediciones Novedades Educativas.

En inglés

Hay muchos recursos, incluso sobre teología de la discapacidad aunque muchos de estos no son aplicables a la realidad latinoamericana.

Roy McCloughry y Wayne Morris

2002 *Making a world of difference, Christian Reflections on disability*, London: SPCK.

David Potter

1998 *Am I beautiful…or what? Outreach and ministry to people with learning disabilities*, Bletchley: Scripture Union.

Nancy L. Eiesland

1994 *The disabled God, toward a liberatory theology of disability*, Nashville: Abingdon Press.

Pablo Martínez

2007 *A Thorn in the Flesh, Finding Strength and Hope Amid Suffering*, Nottingham: IVP.

Thomas E. Reynolds

2008 *Vulnerable Communion, a theology of disability and hospitality*, Grand Rapids: Brazos Press.

Brett Webb-Mitchell

1994 *Unexpected Guests at God's Banquet, welcoming people with disabilities into the church*, New York: Crossroad Publishing Company.

Paginas web

Información general

www.inclusion-international.org
Esta organización trabaja por la inclusión de personas con discapacidad

www.who.int/classifications/icf/wha-sp.pdf
Carlos Egea García y Alicia Sarabia Sánchez

usuarios.discapnet.es/disweb2000/art/ClasificacionesOMSDiscapacidad.pdf
Documento importante de la Organización Mundial de la Salud.

siteresources.worldbank.org/DISABILITY/Resources/WHO_NMH_ VIP_11.01_spa.pdf
Informe mundial sobre la discapacidad 2011 (Banco Mundial y la Organización Mundial de la Salud).

www.pasoapaso.com.ve/CMS/
Un fuente de mucha información para padres de familia, con una base de datos muy útil.

www.desarrollocristiano.com/
Este sitio contiene artículos sobre salud y discapacidad desde un perspectiva cristiana incluyendo "Cuando nace un bebé diferente" por Brenda Darke.

hesperian.org/
Fundación Hesperian (tienen libros en español sobre salud y discapacidad para bajar gratis)

www.adorador.com/ministeriosespeciales

Información específica por discapacidades

Síndrome Down

www.down21.org

kidshealth.org/parent/en_espanol/medicos/down_syndrome_esp.html

www.sindromedown.net/

www.avesid.org/

www.medicinayprevencion.com/sindromes/sindrome-de-down.htm

Parálisis cerebral

www.neurorehabilitacion.com/paralisis_cerebral_infantil1.htm

salud.discapnet.es/Castellano/Salud/Discapacidades/Desarrollo%20Motor/
    Paralisis%20cerebral/Paginas/Descripcion.aspx

kidshealth.org/kid/en_espanol/enfermadades/cerebral_palsy_esp.html

www.paralisiscerebral.com/ique-es-la-paralisis-cerebral.html

www.nlm.nih.gov/medlineplus/spanish/ency/article/000716.htm

Espina bífida

www.nlm.nih.gov/medlineplus/spanish/spinabifida.html

www.faeba.es/guia

salud.discapnet.es/Castellano/Salud/Discapacidades/Desarrollo%20Motor/
    Espina%20Bifida/Paginas/cover%20espina%20bifida.aspx

www.asesbihperu.org/

www.neurorehabilitacion.com/espina_bifida.htm

Distrofia muscular

www.fundacionfavaloro.org/educa_IN_distrofia_muscular.htm

kidshealth.org/teen/en_espanol/enfermedades/muscular_dystrophy_esp.html

espanol.ninds.nih.gov/trastornos/distrofia_muscular.htm

www.nlm.nih.gov/medlineplus/spanish/ency/article/001190.htm

salud.discapnet.es/Castellano/Salud/Enfermedades/EnfermedadesDiscapa
    citantes/D/Distrofia%20Muscular/Paginas/Cover%20distrofia.aspx

Sordera

www.eunate.org/tipos.htm

www.guiainfantil.com/1188/causas-y-diagnostico-de-la-sordera-infantil.html

www.aspanpal.es/index.php?option=com_content&view=article&id=47&
Itemid=37

usuarios.discapnet.es/ojo_oido/tipos_de_sordera.htm

www.alfinal.com/orl/hipoacusia.shtml

Ceguera

www.nlm.nih.gov/medlineplus/spanish/ency/article/003040.htm

www.once.es/home.cfm?id=188&nivel=2&orden=7

www.who.int/mediacentre/factsheets/fs282/es/index.html

www.sidar.org/publica/press/recortes/25ciegos.htm

www.umm.edu/esp_ency/article/003040.htm

Sordoceguera

www.sordoceguera.org

www.asocide.org/sordoceguera/sordoceguera.htm

www.sordoceguera.com

www.espaciologopedico.com/articulos2.php?Id_articulo=146

www.apascide.org/index.php?option=com_content&task=view&id=119&
Itemid=111

www.dblink.org/pdf/over-span.pdf

Síndrome x frágil

perso.wanadoo.es/joguar/

www.aepap.org/familia/xfragil.htm

www.xfragil.org/

www.nacersano.org/centro/9388_10050.asp

salud.discapnet.es/Castellano/Salud/Discapacidades/Discapacidades%20
Mentales/Sindrome%20de%20Fragil%20X/Paginas/descripcion.aspx

Epilepsia

www.epilepsiahoy.com/index2.html

www.apiceepilepsia.org/

www.info-epilepsia.es/

familydoctor.org/online/famdoces/home/common/brain/disorders/214.html

www.epilepsiacolombia.org/pacientes.htm

Autismo

www.psicopedagogia.com/autismo

www.peques.com.mx/que_es_el_autismo_y_cuales_sus_clasificaciones.htm

www.manitasporautismo.com/el_autismo.html

www.autistas.com/

www.aepap.org/familia/autismo.htm

www.nichcy.org/Documents/Spanish%20pubs/fs1sp.pdf

Síndrome Asperger

www.asperger.es/asperger.php?t=3

www.guiainfantil.com/salud/Asperger/index.htm

www.asperger.cl/

www.nlm.nih.gov/medlineplus/spanish/ency/article/001549.htm

www.psicopedagogia.com/asperger

Ministerios internacionales que trabajan con personas con discapacidad

Discapacidad cognitiva

www.ministeroamistad.org

Marcos 2

ministerios-marcos-2-internacional.globered.com/categoria.asp?idcat=22

EDAN Ecumenical Disability Advocates Network

www.oikoumene.org/programme

Películas

Algunas de estas películas están basadas en hechos reales; sin embargo, todas son muy útiles para entender la experiencia de vivir con una discapacidad. Muchos de los roles de personas con discapacidad han sido interpretados por personas con discapacidad, una práctica que felizmente se ha hecho común.

- "El octavo día". Francia, personas con discapacidad cognitiva.
- "El color del paraíso". Iran, personas ciegas.
- "La escafandra y la mariposa". Francia, persona con discapacidad motora.
- "Las llaves de la casa". Italia, personas con discapacidad y sus padres.
- "Yo soy Sam". Estados Unidos, personas con discapacidad.
- "Mi pie izquierdo". Irlanda, persona con parálisis cerebral.

Glosario

Este glosario ha sido tomado de un documento publicado por la Red Ecuménica en Defensa de las Persona Discapacitadas (EDAN).

▶ **Discapacidad:** Término que hace referencia, de un modo genérico, a los déficit, limitaciones en la actividad y restricciones en la participación que experimenta un individuo al interactuar con sus factores contextuales (factores ambientales y personales). La discapacidad, lejos de constituir un atributo de la persona en sí misma, deviene un complicado conjunto de condiciones, muchas de las cuales son creadas por el ambiente social. Tampoco puede considerarse como un atributo que diferencie una parte de la población de otra, sino antes bien una característica de la condición humana. La manera más adecuada de referirse a quienes presentan esta característica es llamarles personas con discapacidad.

▶ **Hipoacusia:** Del griego *hypó*, debajo, y *ákousis*, acción de oír. Es, pues, una disminución significativa de la sensibilidad auditiva. Por tanto, a las personas que presentan esta característica se les denomina *hipoacúsicas* y no hipoacústicas, puesto que la acústica es la parte de la física que estudia la producción, propagación y recepción del sonido.

▶ **Integración:** Paradigma que surge en oposición a la política de segregación institucional de las personas con discapacidad. Propone la adaptación de estas personas al medio social, por medio de la rehabilitación física, la instrucción escolar en instituciones "especiales" (como paso previo a la inserción en escuelas "regulares") y la capacitación laboral. Es en este contexto que surgen los conceptos educación especial, necesidades educativas especiales, escuela especial y otros afines. La modalidad integradora dio lugar también a los llamados talleres protegidos y empleos protegidos, en los cuales las personas con discapacidad son segregadas o llevan a cabo actividades profesionales sin ser incluidas en la dinámica cotidiana de los demás trabajadores. A fin de propiciar la integración, la sociedad se limita a realizar los ajustes mínimos indispensables tanto a nivel arquitectónico como al del personal vinculado a las instituciones. Este paradigma se sustenta en la "ética de la igualdad", que valora única y exclusivamente lo que las personas tienen de semejanza. Consecuentemente, permite la jerarquización de las condiciones humanas, pues crea la categoría del "diferente".

- **Inclusión:** Si bien es cierto que en virtud de su uso corriente integración e inclusión pueden considerarse como sinónimos, cuando son evaluados en tanto paradigmas, adquieren una connotación totalmente divergente. Así, podríamos definir la integración como un movimiento por los derechos humanos de **casi todos** los humanos (en este caso los "más capaces" entre las personas con discapacidad), mientras que la inclusión sería el paradigma que aboga por los derechos humanos de **todos** los humanos. El paradigma de la inclusión asume un compromiso y una responsabilidad con todas las minorías y no sólo con las de las personas con discapacidad, por lo que se exige profundas transformaciones tanto de orden estructural como en lo que respecta a la conciencia social.

  En su filosofía, parte de la convicción de que todas las personas tienen derecho de participar activamente en la sociedad y deben, por tanto, poder disfrutar de igualdad de oportunidades. Ideológicamente, se presenta para derribar todas las barreras erigidas en torno a los grupos estigmatizados.

La inclusión se sustenta en la "ética de la diversidad", que se apoya en la certeza de que la humanidad tiene infinitas formas de manifestarse, y esa realidad no admite la comparación entre diferentes condiciones humanas, ni privilegia una de ellas en detrimento de otras.

▶ **Inserción:** Vocablo que se usa cuando no se desea hablar de integración o de inclusión, ya que resulta ideológicamente neutro al no estar asociado a ningún paradigma o política nacional o internacional.

▶ **Pastoral:** Se denomina así al conjunto de actividades de la iglesia cristiana orientadas a la atención de sus miembros. Dado que en las comunidades de fe participan personas de los más diversos grupos sociales, la pastoral deviene entonces en una adecuación de la fe a los intereses, necesidades y aspiraciones de quienes componen cada uno de tales grupos. Es por ello que se habla de una pastoral de las mujeres, pastoral de los jóvenes, de los niños, etc. Si bien esta práctica proviene del catolicismo, algunas iglesias protestantes y evangélicas la han adoptado tanto en sus estructuras locales como nacionales.

▶ **Personas con baja visión:** Nomenclatura empleada actualmente para hacer referencia a quienes tienen una discapacidad sensorial que se caracteriza por una disminución significativa en el sentido de la vista. Esta ha sustituido a "débiles visuales", que se ha desechado debido a que establece una imagen de la discapacidad asociada con el concepto de debilidad.

▶ **Personas con discapacidad intelectual:** Término genérico para nombrar a quienes presentan diferentes niveles de déficit en su desarrollo cognitivo, que pueden ser leves, moderados o severos. Vocablos como "mongólicos", "anormales", "retrasados mentales", entre otros, son discriminatorios y lesivos a la dignidad las personas, por lo que deben ser definitivamente abandonados de nuestro lenguaje.

▶ **Sordos:** Son aquellos individuos que presentan una discapacidad sensorial caracterizada por la ausencia total de la sensibilidad auditiva. Tradicionalmente se les ha llamado *sordo-mudos*, lo cual es incorrecto, pues si bien estas personas suelen presentar dificultades para la utilización del lenguaje articulado, poseen, en cambio, la capacidad de comunicarse a través del lenguaje de señas.

► **Sanación**: Respecto de la discapacidad, término que hace referencia a la supresión de sistemas de marginación, discriminación y exclusión; a la eliminación de barreras sociales y, por ende, a la reinserción plena de las personas en sus comunidades. Se diferencia de la curación en que ésta significa sólo restauración fisiológica del cuerpo humano. A partir de este enfoque, se ha desarrollado una teología que sostiene que el ministerio de Jesús fue de sanación.

Créditos

Agradezco a Compassion International, Tearfund y a Viva por el apoyo financiero para la publicación de este libro, junto con la Fundación Stromme.

El **Movimiento Juntos con la Niñez y la Juventud,** del cual Campassion International, Tearfund y Viva son miembros, busca movilizar a las iglesias e instituciones cristianas en América Latina y el Caribe para promover su compromiso con el desarrollo y la protección integral de la niñez en procura de una vida plena.

Tearfund es una agencia cristiana evangélica de asistencia y desarrollo que trabaja en la formación de una red mundial de iglesias locales que llevan justicia y transformación de vidas y con ello, ayudar a erradicar la pobreza tanto material como espiritual. Contacto: www.tearfund.org/ rosa.camargo@tearfund.org /alexis.pacheco@tearfund.org

Compassion International es una agencia que en respuesta a la Gran Comisión, trabaja en la defensa de la niñez, para liberarlos de su pobreza espiritual, económica, social y física proveyéndoles la oportunidad de llegar a ser adultos cristianos responsables y realizados. Contacto: www.compassion.com /EPinedo@saa.ci.org

Visión Mundial es una confraternidad internacional de cristianos cuya misión es seguir a Jesucristo, nuestro Señor y Salvador trabajando con los pobres y oprimidos para promover la transformación humana, buscar la justicia y testificar de las buenas nuevas del Reino de Dios. Contacto: www.visionmundial.org/ haroldsegura@wvi.org

Cristo para la Cuidad Internacional (CPCI) es una agencia misionera y ministerio urbano que trabaja con las iglesias de la ciudad. Su objetivo es promover la unidad de las iglesias evangélicas y ser un recurso para que ellas logren su visión en la evangelización de la ciudad. Tiene por visión establecer bases de ministerios en las ciudades importantes del mundo. Contacto: www.cfci.org /drchip@ cfci.org

Medical Missionary News
Apoyo a la misión cristiana a través de la atención médica
Organización que por muchos años apoya al personal médico, hospitales y proyectos en todo el mundo que brindan oportunidades a los pobres y marginados de diversas maneras. Todos los proyectos tienen como objetivo dar a conocer a Jesús a través del apoyo a los necesitados. Trabaja con organizaciones locales que buscan comunicar el amor de Dios a través de la provisión de servicios de atención médica, educación, capacitación y oración en los siguientes entornos médicos: clínicas y hospitales de la misión, salud comunitaria y atención a personas con discapacidad y huérfanos.

Viva es una organización basada en principios cristianos, que promueve soluciones efectivas, de impacto y auto sostenibles para transformar la vida de la niñez en América Latina y el Caribe. Su misión es facilitar una colaboración efectiva de la comunidad cristiana, a través del trabajo en redes, para proveer soluciones integrales y sostenibles a las necesidades de la niñez en riesgo, equipando a la iglesia para lograr una respuesta mejorada y de gran impacto. Contacto: www.viva.org / info@redviva.org

www.ingramcontent.com/pod-product-compliance
Lightning Source LLC
LaVergne TN
LVHW011010200726
843509LV00011B/1045